Georgien S. 38
ASIEN
Südkorea S. 16
Kii-Halbinsel, Japan S. 78
Lahaul & Spiti, Indien S. 92
China S. 48
Hunan, China S. 169
Kaohsiung, Taiwan S. 128
Dschibuti S. 24
INDISCHER OZEAN
Mauritius S. 44
AUSTRALIEN
Canberra, Australien S. 120
Neuseeland S. 28

W0267632

APHOTOSTORY © SHUTTERSTOCK

BEST IN TRAVEL 2018

TIM DRAPER © GETTY IMAGES

DAS BEST IN TRAVEL VERSPRECHEN

Welches ist zurzeit das beste Reiseziel?

Kein anderes Thema wird intensiver bei Lonely Planet diskutiert als dieses. Die bekennenden Reiseverrückten in unserem Team sammeln jedes Jahr Hunderttausende Kilometer und erkunden fast jedes Reiseziel auf unserem Planeten selbst.

Welches Ziel sollte man genau jetzt besuchen? Jedem bei Lonely Planet wird diese Frage gestellt, angefangen bei unseren Autoren und Redakteuren bis hin zu unserer Online-Familie von Bloggern und Twitter-Nutzern. Und jedes Jahr werden Hunderte Orte genannt, an denen gerade richtig was los ist, wo Reisende Neues erleben können oder die sträflich übersehen und unterbewertet wurden.

Begleitet von heftigen Debatten, wird die Liste dann von unserer Runde ausgewählter Reisespezialisten auf nur 10 Länder, 10 Regionen und 10 Städte verdichtet. Jedes dieser Ziele wird ausgewählt, weil es gerade Thema ist, wegen seiner Einzigartigkeit und wegen seines „Wow"-Faktors. Wir berichten nicht von Trends, wir setzen sie – damit Du Ziele entdecken kannst, bevor es alle tun. Um es einfach auszudrücken: Auf den folgenden Seiten findest Du das Sahnehäubchen der diesjährigen Reisetipps, empfohlen von Lonely Planet. 10 Länder, 10 Regionen, 10 Städte und eine Reihe thematischer Reiselisten als Inspiration.

Worauf wartest Du also noch?

28

66

114
IBERO

INHALT

TOP 10 LÄNDER

TOP 10 REGIONEN

TOP 10 STÄDTE

TOPTIPPS

TOPTRENDS

LONELY PLANETs

TOP 10 LÄNDER

Chile / Südkorea / Portugal / Dschibuti / Neuseeland

Malta / Georgien / Mauritius / China / Südafrika

Andenflamingos vor der einzigartigen Landschaft der Salztonebenen in Chiles Salar de Atacama

01

01
BEST IN TRAVEL 2018

TOP 10 LÄNDER

CHILE

PHILIP LEE HARVEY © LONELY PLANET

Chile, ein langgezogener Streifen Land, ist vom restlichen Südamerika (und im Grunde von der ganzen Welt) isoliert – durch die steilen Anden im Osten, den gewaltigen Pazifischen Ozean im Westen, die knochentrockene Atacama-Wüste im Norden und die undurchdringliche Wildnis Patagoniens unten im Süden. Nicht nur in der trendigen Hauptstadt Santiago, sondern im ganzen Land werden die Chilenen 2018 alle zusammen 200 Jahre Unabhängigkeit feiern. Und dank neuer Direktflüge von Frankfurt und London wird es so einfach wie nie, mit einem Glas Pisco Sour auf den Jubilar anzustoßen.

Bevölkerung: 18 Mio.
Hauptstadt: Santiago
Sprache: Spanisch
Währung: Chilenischer Peso
Anreise: Auf Chiles größtem internationalen Flughafen in Santiago landen Flüge aus ganz Nord- und Südamerika sowie von immer mehr Städten in Europa und Australien. Alternativ verbinden Busse Santiago mit den Nachbarländern Argentinien, Peru und Bolivien.

WARUM HINFAHREN?

Santiago hat sich in den letzten Jahren zu einem Hotspot für Gourmets entwickelt, wo preisgekrönte Chefköche mit einheimischen Produkten die chilenische Küche neu definieren. Zudem macht es seit einiger Zeit mit seiner aufblühenden Szene für darstellende Künste Buenos Aires Konkurrenz, was sich u.a. daran zeigt, dass 2018 im Centro Gabriela Mistral ein neuer großer Saal mit 1880 Plätzen eröffnet wird. Die Herzen vieler Reisender schlagen außerdem für die Küstenstadt Valparaíso mit ihrer Straßenkunst, ihren unkonventionellen Cafés und ihren romantischen Promenaden. Dazwischen liegen die grünen Weinhänge des Casablanca-Tals, dessen Weingüter sich mit Verkostungen und Führungen Touristen mehr und mehr öffnen. Durch den Ende 2016 erweiterten Flughafen in Puerto Natales ist die berühmte „W"-Route durch den Nationalpark Torres del Paine noch besser erreichbar als zuvor. Wer gerne Sterne beobachtet, muss ganz in den Norden von Chile, in die Atacama-Wüste. Dort sind die Bedingungen dafür nahezu ideal und dank neuer Hotels vor Ort und geführter Touren zu den Observatorien blüht der Astrotourismus.

Das farbenfrohe historische Zentrum von Valparaíso, Chiles Boheme-Hafenstadt, die seit Langem Künstler anzieht

SERJIO74 © SHUTTERSTOCK

REISEPLAN:

Zwei Wochen in Chile

- Mit den neuen hochmodernen Seilbahnen zum Gipfel des **Cerro San Cristóbal** schweben, um im Schatten der schneebedeckten Anden die fantastische Sicht auf Santiago zu genießen.
- Den Geist des Nobelpreisträgers und Poeten Pablo Neruda in **La Sebastiana,** seinem exzentrischen Zuhause in Valparaíso, entdecken.
- Das historische Weingut **Casa Silva** als Ausgangspunkt nehmen für eine Tour durch die prächtigen Weingüter des Colchagua-Tals.
- Die müden Knochen ausruhen in dem weitläufigen Thermalbadkomplex **Termas Geométricas** nach einer Wanderung zur Urlaubsstadt Pucón unweit des aktiven Vulkans Villarrica.
- Mit einem Boot durch die Fjorde des **Laguna-San-Rafael-Nationalparks** schippern, um einen direkten Blick auf den San Rafael-Gletscher zu erhaschen, der zum riesigen Patagonischen Eisfeld gehört.

NICHT VERPASSEN

- Eine Wanderung auf der fünftägigen „W“-Route durch den Torres-del-Paine-Nationalpark führt unweigerlich zu den Highlights Patagoniens. Man kann sie so rustikal (Übernachtung im Zelt und „Lagerfutter“) oder schick (Zimmer und *refugios*) gestalten, wie man will.
- Wie ein Hobbyarchäologe die Moai-Statuen der im Pazifik liegenden Osterinseln erforschen.
- Die Oasensiedlung San Pedro de Atacama ist der ideale Ausgangspunkt für Ausflüge in die trockenste nichtpolare Wüste der Welt, die mit Kraterseen, aktiven Vulkanen und hoch gelegenen Geysirfeldern aufwartet.

„Chile legte den Fokus früher eher auf die Marke. Heute konzentrieren wir uns mehr auf die Besonderheiten des Weinanbaus hier, da es der wichtigste Faktor ist, wenn man qualitativ hochwertige Weine produziert.“

Andrés Sánchez, Winzer bei Viña Gillmore

BESTE REISEZEIT

Zentralchile ist ganzjährig ein tolles Ziel, obwohl heftige Winterniederschläge manchen Plänen einen Dämpfer verpassen können (außer man geht Skifahren in den Anden). Das Wetter in der Atacama-Wüste ändert sich über die Monate nicht allzu sehr, während man Patagonien am besten zwischen November und März besucht, da viele Unternehmen (und Trekkingrouten) außerhalb der Saison geschlossen sind.

• Von Mark Johanson

Der Fluss Paine schlängelt sich von der gewaltigen Cordillera del Paine durch den Nationalpark Torres del Paine, ein echter Touristenmagnet im chilenischen Patagonien

MATT MUNRO © LONELY PLANET

02
BEST IN TRAVEL 2018

TOP 10 LÄNDER

SÜDKOREA

In Südkorea kann man der asiatischen Moderne begegnen. Hochhäuser ragen in den Himmel der futuristischen Hauptstadt Seoul, die letztes Jahr mit dem Seoullo 7017, einem neu gebauten High-Line-Park mit Cafés, Bars und Büchereien auf einer stillgelegten Hochstraße, ein Facelifting erhielt. Südkorea ist Gastgeber der Olympischen Winterspiele 2018 in Pyeongchang, und eine neue Schnellbahn wird Reisende in kürzester Zeit durch das Land dorthin bringen. Also warm anziehen, um den Besten zuzujubeln auf ihrem Weg zum Ruhm! Oder abwarten, bis es wärmer wird, um die wunderbare Bergwelt zu genießen und anschließend ins heiße Nachtleben einzutauchen.

USCHOOLS © GETTY IMAGES

02

In Südkoreas Hauptstadt Seoul prallen Tradition und Moderne aufeinander.

SÜDKOREA

Bevölkerung: 51,3 Mio.
Hauptstadt: Seoul
Sprache: Koreanisch
Währung: Won
Anreise: Die meisten internationalen Flüge landen in Südkorea auf dem Incheon International Airport in Seoul. Fähren von Busan oder Incheon verbinden das Land außerdem mit Japan, China und Russland.

WARUM HINFAHREN?

Olympische Spiele hin oder her, Südkorea ist ein echtes Outdoor-Wunderland. Man kann herrliche Gipfel erklimmen, mit dem Boot auf unberührten Flüssen fahren, und an der 2400 km langen Küste surfen, schwimmen oder an Sandstränden sonnenbaden. Die Stadtzentren von Seoul und Busan sind gespickt mit High-Tech-Spielereien, Kulturangeboten von zeitgenössischer Kunst bis Streetart und auch im Hinblick auf Essen und Trinken voll im Trend. Und doch bleibt Südkorea reich an traditioneller Kultur – hier kann man in einem friedlichen Tempel einen Hauch von Zen schnuppern oder in den Palästen aus der Joseon-Ära Geschichte hautnah erleben. Der jährliche Veranstaltungskalender ist prall voll, von winterlichen Eisfestivals bis zu äußerst beliebten Filmevents. Und dank Südkoreas gut ausgebautem Bahnnetz kommt man schnell herum: Ein 2017 eingeführter Schnellzug bringt einen in kürzerer Zeit von Seoul nach Busan als ein Flugzeug.

„Südkorea ist unglaublich kreativ – man kann gar nicht anders, als sich in das Land zu verlieben."

Hahna Yoon, Autorin, wohnt in Seoul

REISEPLAN

Zwei Wochen in Südkorea

- Als Erstes besichtigt man **Seouls** alte Paläste, taucht ein in die Märkte und in die unglaubliche Gourmetszene und macht einen Tagestrip in die demilitarisierte Zone, um die komplexe Geschichte von Südkorea und seinem nördlichen Nachbarn zu verstehen.
- Im **Seoraksan-Nationalpark** locken dann Bergwanderungen, Tempel und heiße Quellen.
- Südkoreas bewegte Geschichte wird lebendig in **Gyeongju**, der Heimat der Königsgräber der Silla-Dynastie (57 v. Chr.–935 n. Chr.) und unglaublich gut erhaltener historischer Pagoden und Pavillons.
- Zum Schluss erklimmt man auf Koreas größter Insel **Jeju-do** einen von Lavagestein umrandeten Krater und probiert auf traditionelle Art von Freitaucherinnen gesammelte Meeresfrüchte..

MARK DAFFEY © GETTY IMAGES

Die Wachablösungszeremonie am Deoksugung-Palast in Seoul kann man dreimal täglich bewundern

NICHT VERPASSEN

- Wer einen Eindruck vom traditionellen koreanischen Leben bekommen möchte, sollte durch ein *hanok*-Viertel schlendern. Im ganzen Land gibt's diese Gassen, die von niedrigen Häusern mit Schieferdächern gesäumt werden. Viele davon sind heute Kunsthandwerksateliers, Teehäuser, Craft-*soju* (Reiswein)-Destillerien und Pensionen mit *ondol* (beheizte Holzböden).
- Südkoreas Leidenschaft fürs Essen teilt man am besten auf dem chaotischen Gwangjang Market in Seoul, auf dem Schüsseln mit *bibimbap* (Reis mit Gemüse) geschwenkt und knusprige Meeresfrüchtepfannkuchen gebacken werden. Diese und andere abenteuerliche Spezialitäten wie z. B. Schweinsfuß spült man mit einem milchigen *makgeolli* (ungefilterter Reiswein) runter.

BESTE REISEZEIT

Die Kirschblüte im Frühling und das Herbstlaub sind ein herrlicher Hintergrund für Outdoor-Aktivitäten, während im Sommer Südkoreas Strände das Highlight sind. Die Olympischen Winterspiele 2018 finden vom 9. bis 25. Februar statt, aber man kann den ganzen Winter über auf hervorragenden Pisten Ski und Snowboard fahren, auch wenn man keine Tickets mehr erwischt.

• Von Megan Eaves

03

Das Castelo dos Mouros in den Bergen über Sintra wurde im 8. und 9. Jahrhundert erbaut

SAIKO3P © SHUTTERSTOCK

03
BEST IN TRAVEL 2018

TOP 10 LÄNDER

PORTUGAL

Portugal hat sich endlich aus dem Schatten des Nachbarn Spanien gelöst und rückt nun als Reiseland mit großem Potenzial ins Rampenlicht. Eine Reihe von Museen wurde in den letzten zwei Jahren eröffnet, es gibt eine gefeierte Mikrobrauerei-Szene, und immer mehr Köche zwischen Lissabon und der Algarve machen von sich reden. 2017 erhielten 21 Restaurants – sieben mehr als im Vorjahr – den begehrten Michelin-Stern! Dazu kommt, dass das Reiseland mit moderaten Preisen und Naturschönheiten punktet. Über 300 Strände wurden 2016 mit der Blauen Flagge ausgezeichnet und zwei neue Biosphärenreservate ausgewiesen. Kein Zweifel: Die kleine Seefahrernation ist gerade in aller Munde …

Bevölkerung: 10,8 Mio.
Hauptstadt: Lissabon
Sprache: Portugiesisch
Währung: Euro
Anreise: In Lissabon, Porto und Faro befinden sich Portugals drei internationale Flughäfen mit Flügen nach Mitteleuropa und Nordamerika.

WARUM HINFAHREN?

Portugal vereint zwei Welten. Sogar bei einem kurzen Besuch kann man sowohl uralte Traditionen – die klassische Küche, die Weinberge, die barocke Architektur– als auch modernste Kultur erleben, die von avantgardistischen Open-Air-Graffiti-Galerien bis zu nächtlicher Performancekunst reicht. In der Hauptstadt Lissabon locken Spaziergänge durch das neu belebte Hafenviertel, Mahlzeiten in weitläufigen Food-Märkten wie dem Time Out Market Lisboa im Caís do Sodré und Abende bei gefühlvollem *fado* in winzigen Nachtclubs in der Alfama. Anschließend sollte man sich Zeit nehmen für die mittelalterlichen Felsenstädte Marvão, Óbidos oder Monsanto, für Strand-Hopping entlang der Küste und für die Besichtigung von Porto, einer absolut faszinierenden Stadt am Fluss im Norden. Es gibt architektonische Schätze und Unesco-Welterbestätten, römische Ruinen und Weinrouten

„Was ich an Portugal liebe, ist der unpolierte, unauffällige Charme vergangener Zeiten. Das Land schafft es, absolut authentisch zu bleiben, mitten in dieser globalisierten Welt um uns herum."

Kevin Raub, Reiseschriftsteller und in Lissabon lebender Expat

HLPHOTO © SHUTTERSTOCK

Cataplana ist ein klassisches Meeresfrüchtegericht der Algarve – benannt nach dem Kupfertopf, in dem es zubereitet wird.

REISEPLAN

Zehn Tage in Portugal

- Startpunkt ist das malerische **Porto**. Hier warten die historische Ribeira, die Igreja de São Francisco und ein Konzertbesuch in Rem Koolhaas' Casa da Música.
- Kulinarische Höhepunkte erlebt man in **Lissabon**, etwa im Belcanto, ein Restaurant mit zwei Michelin-Sternen, geführt von José Avillez, einem der besten Köche Portugals.
- In **Évoras** stimmungsvollem Zentrum taucht man in die Vergangenheit ein, besucht mittelalterliche Kirchen, ein labyrinthartiges früheres Maurenviertel und einen großen römischen Tempel.
- Weiter geht's an die **Algarve** zu einigen der schönsten Strände des Landes.
- Schlusspunkt ist **Sagres**, eine Küstenstadt am äußeren Rand von Europa.

quer durchs Land. Da Portugal recht kompakt ist und über ein ausgezeichnetes Straßennetz verfügt, kann man in einen einzigen Besuch sehr viel reinpacken (obwohl ein Besuch natürlich nie genug ist).

NICHT VERPASSEN

- Auf den Weingütern im Douro-Tal, einer der ältesten Weinregionen der Welt, kann man Führungen durch die Weinberge machen und die Weine vor Ort in Probierstuben kosten. Es lohnt sich auf jeden Fall auch, in einer Pension auf einem Weingut zu übernachten, wie in der Quinta Nova oder in der Quinta do Vallado.
- Wanderungen durch nebelverhangene, bewaldete Berge um Sintra, bevor man das surreale Quinta da Regaleira besucht. Die Gärten um diese palastartige Villa stecken voller Überraschungen, darunter ein neunstufiger Brunnen, der über geheime Gänge zu erreichen ist. Sintra ist außerdem berühmt für sündhaft gutes Gebäck: Man probiere z. B. eine *queijada* mit marzipanähnlicher Quarkfüllung.

BESTE REISEZEIT

Der Sommer ist die umtriebigste Zeit, denn es gibt Straßenfeste in Lissabon und Porto, die über mehrere Tage gehen. Auch für den Strandaufenthalt ist diese Zeit am besten. April oder Mai eignen sich für alle, die Frühlingsblumen und kühlere Temperaturen schätzen – perfekt für Spaziergänge im Hinterland der Küste.

• Von Regis St. Louis

DSCHIBUTI

Soviel ist gewiss: Langsam aber sicher wird das kleine Land durch tektonische Verschiebungen in drei Teile gerissen. Vulkane haben die bizarre Wüstenlandschaft geprägt, in der Magma unter der Erdkruste fließt, heiße Dämpfe aus Fumarolen austreten und Salzformationen an den Ufern des Assalsees glitzern. Geologisch betrachtet tickt die Uhr, doch bis dahin ist noch viel (Erd-)Zeit – also kein Grund, kalte Füße zu kriegen! Erst einmal noch die phantastischen Strände genießen und die unvergesslichen Tauchgänge zu Walhaien erleben! Braucht es noch mehr Gründe, in den Flieger zu springen, um Mutter Natur 2018 auf ihrem großartigen Höhepunkt zu erleben?

ENDLESS TRAVELLER © SHUTTERSTOCK

Die Vulkanlandschaft von Dschibuti ist eine geologisch turbulente, aber politisch stabile Enklave am Horn von Afrika

04

Bevölkerung: 920 000
Hauptstadt: Dschibuti
Sprachen: Somalisch, Afar, Französisch, Arabisch
Währung: Dschibuti-Franc
Anreise: Auf dem Djibouti-Ambouli Airport, 5 km südlich der Hauptstadt Dschibuti, landen pro Woche ein paar Dutzend internationale Flüge. Eine neue Bahnstrecke verbindet die Hauptstadt mit Addis Abeba, Äthiopien.

WARUM HINFAHREN?

Unter dem Meeresspiegel hat Dschibuti einige echt verlockende Dinge zu bieten – aber nicht alle liegen deshalb unter Wasser. Unbedingt auch mal die weißen Sandstrände gegen die kristallüberzogenen Ufer des Assalsees tauschen, ein magischer Kratersee, umgeben von schwarzen Vulkanhügeln. Mit 155 m unter dem Meeresspiegel ist hier der tiefste Punkt Afrikas.

Das Gegenstück dazu bildet das 1750 m hohe Goda-Massiv, das wie eine grüne Oase anmutet. Bei einer Wanderung durch das bewaldete Bergmassiv kommt man durch traditionelle Afar-Dörfer. Auch der Lac Abbé ist ideal für Spaziergänge, aber man sollte sich nicht zu viel vornehmen – auf dem Weg liegen Landstriche mit Fumarolen, aus denen Gase austreten. Mindestens genauso faszinierend sind Abourmas neolithische Höhlenmalereien, zu sehen bei einer zweistündigen Rundwanderung durch eine endlos anmutende Landschaft mit Hügeln, kargen Graten und verstreut herumliegenden Felsblöcken.

Am Assalsee, dem tiefsten Punkt des afrikanischen Kontinents, werden Palmenblätter auf dem Rücken von Kamelen transportiert.

VUSLIMITED © GETTYIMAGES

„Dschibuti ist ein Ort des Friedens in einer unruhigen Region. Von Nord nach Süd, von Ost nach West folgen wir demselben Rhythmus – alle Menschen sind gastfreundlich und helfen trotz begrenzter Mittel immer gern.“

Houmed Ali, Touranbieter, Agence Safar

NICHT VERPASSEN

Dschibutis exotisch klingende Bucht von Ghoubbet, am westlichen Ende vom Golf von Tadjoura, ist eine der verlässlichsten Tauchstätten der Welt, wenn man Walhaien begegnen will. Manchmal tummeln sich bis zu zehn dieser Monster so nah am Ufer, dass man zu ihnen hinschnorcheln kann. An anderen Tagen sind sie weiter draußen im Golf und können mit Tauchschiffen erreicht werden. Man sollte sich unbedingt einen Anbieter suchen, der Mindeststandards an Tier- und Umweltschutz einhält. Das bedeutet unter anderem, dass er zu den majestätischen Walhaien genug Abstand hält (mindestens 4 m) und seine Gäste niemals so nah an sie heranschwimmen lässt, dass sie sie berühren könnten.

BESTE REISEZEIT

Die besten – das heißt die kühlsten und angenehmsten – Monate zur Erforschung dieser extremen Wüstenlandschaft sind November, Dezember und Januar. Zum Glück treffen genau in diesem Zeitraum die Walhaie im Golf von Tadjoura ein. Im Oktober und von Februar bis April ist das Wasser auch ruhig genug zum Tauchen.

• Von Matt Phillips

REISEPLAN

10 Tage in Dschibuti

- Los geht's in **Dschibuti-Stadt**, um die kulturelle Atmosphäre in den lebendigen Straßen der afrikanischen und europäischen Viertel zu genießen.
- Dann fährt man weiter nach Westen zum **Abbé-See**, um den Sonnenauf- und -untergang über dieser außerirdisch wirkenden Landschaft zu erleben.
- Anschließend geht es wieder zurück Richtung Osten zu den brodelnden Tiefen und glitzernden Ufern des **Assalsees**.
- Die benachbarte **Bucht von Ghoubbet** bietet unvergessliche Begegnungen mit Walhaien.
- An der Nordseite vom Golf von Tadjoura entlang wandert man mehrere Tage durch das **Goda-Massiv** bis zu den Felsenkunststätten von Abourma.

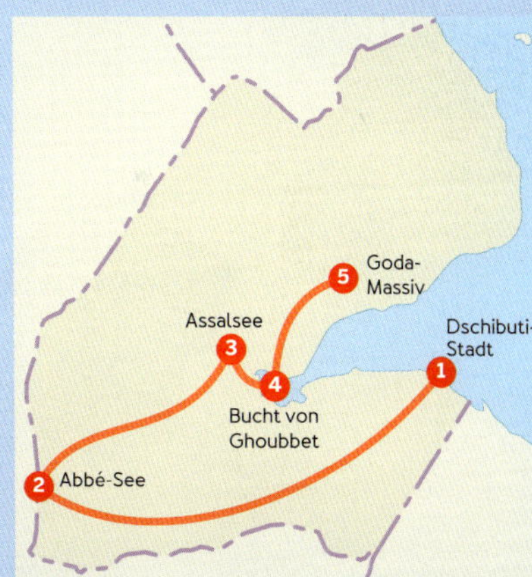

05

Die sonderbaren Kalksteinformationen und Zuglöcher im Paparoa-Nationalpark auf der Südinsel entstanden vor 30 Mio. Jahren

MARIA SWÄRD © GETTY IMAGES

NEU-SEELAND

Schon lange bevor Neuseeland zu „Mittelerde“ wurde, machte sich das Land auf, Outdoor-Reisende anzulocken. Neuseelands Ass: die Zugänglichkeit seiner unglaublichen Natur. Dazu gehört auch das Wanderwegenetz der *Great Walks*, das Wanderer mit der vielfältigen Topografie Neuseelands bekannt macht und durch einige der außergewöhnlichsten Wildnisgebiete der Welt führt. 2018 wird nun der Great Walk Nr. 10 eröffnet: der „Pike29 Memorial Track“. Die 45 km lange Route zur Erinnerung an die 29 Opfer des Minenunglücks 2010 führt von Blackball nach Punakaiki an der wilden Westküste der Südinsel entlang und durchquert den Paparoa-Nationalpark – eine sensationelle Outdoor-Erfahrung!

NEUSEELAND

Bevölkerung: 4,6 Mio.
Hauptstadt: Wellington
Sprachen: Englisch, Māori
Währung: Neuseeland-Dollar
Anreise: Die größten internationalen Flughäfen befinden sich in Auckland und Wellington (Nordinsel). Ein weiterer operiert von Christchurch auf der Südinsel aus. Regionale und Inlandsflüge starten und landen auf Flughäfen in Queenstown und Dunedin, alle auf der Südinsel. Die Interislander Ferry pendelt mehrmals täglich zwischen der Nord- und der Südinsel.

WARUM HINFAHREN?

In Neuseeland, das am Rande des Pazifischen Feuerrings liegt, schlägt der Puls des Planeten dichter unter der vernarbten Oberfläche als anderswo. Der Schlamm blubbert, Erdspalten tun sich auf und Gletscherwasser rauscht in Flüssen hinab ins Meer, vorbei an geothermal erhitzten Stränden. Scheinbar stabile Landschaftsformationen werden mit einer Heftigkeit durchgerüttelt und auseinandergerissen, wie man es nicht erwarten würde in einem Land, in dem in den Städten an jeder Ecke Cafés und Pop-Up-Bars selbstgebrühten Kaffee und grandiose Craft-Biere servieren. Für denjenigen, der die aufregende Natur Neuseelands auf eigene Faust erkunden will, gibt es bestens gepflegte Wanderwege – Pfade von Weltklasse, die entlang der Küste verlaufen, sich auf die Südalpen winden, Steilwänden trotzen, das Fjordland durchqueren und sich auf Vulkane schängeln. Sie heißen Great Walks. Und jetzt gibt es demnächst zehn davon.

NICHT VERPASSEN

- Es ist fast unmöglich, die Kepler-, Milford- und Routeburn-Tracks zu toppen oder Tongariros Mondlandschaft unbeachtet zu lassen, aber auf

REISEPLAN

Zwei Wochen in Neuseeland

- Erst genießt man die Stadtluft von **Auckland**, der Stadt der Segel, bevor man nach Südosten zum einzigartigen Hot Water Beach auf der Coromandel-Halbinsel wechselt.
- Dann geht's zum blubbernden Schlamm im schwefeligen **Rotorua**, auf dem Weg nach Tongariro, wo der eintägige Alpine Crossing einen Eindruck vom Great Walk vermittelt.
- Von Neuseelands Hafenhauptstadt **Wellington** setzt man mit der Interislander über nach **Nelson** und zu den Abel-Tasman-Stränden.
- Ein Stück der malerischen **Route 6** entlangfahren, dann zu Fuß weiter auf dem Pike29 Memorial Track und zur Übernachtung in eine Hütte auf den Moonlight Tops.
- Am Schluss noch ein Spaziergang durch den **Aoraki-/Mt.-Cook-Nationalpark**, bevor es über den Haast Pass nach **Queenstown** geht.

NARUEDOM YAEMPONGSA © SHUTTERSTOCK

Auf dem Routeburn Track, einem von Neuseelands 10 Great Walks, wandert man an den 174 m hohen Earland Falls vorbei.

dem neuen Pike29 Memorial Track können Wanderer und Radfahrer die herrliche Westküste der Südinsel weniger überlaufen erleben.

- Mit dem Kanu einen Great Walk, der eigentlich eine Flussreise ist, komplett entlangrudern bis zu einem Campingplatz am Whanganui River. Oder im Winter, wenn Räder zugelassen sind, mit dem Mountainbike über den Heaphy Track radeln.
- Vom atemberaubenden Gipfel einer Klippe den Sonnenuntergang über dem Lake Waikaremoana bewundern oder auf dem Rakiura Track auf Stewart Island einen scheuen Kiwi beobachten.

„Neuseelands Great Walks spiegeln seine Vielfältigkeit perfekt wider – von Tongariros dampfender Vulkangeröllhalde bis zu Abel Tasmans goldenen Stränden. Und der neue, zehnte Weg ist extrem spannend."

Ben Southall, internationaler Abenteurer

BESTE REISEZEIT

Wenn man die Great Walks bewältigen will, ist gutes Timing alles. Im Sommer (Dez.–Feb.) kann der Kampf um die Hüttenplätze so wild sein wie Neuseelands blutsaugende Sandmücken, während der Winter häufig extreme Bedingungen mit sich bringt. Frühling und Herbst eignen sich daher am besten. Entspanntere Aktivitäten außerhalb der Saison sind unter anderem Sternegucken (Mackenzie), Weinverkostungen (Marlborough), Wasserfälle beobachten (Fiordland) und sich am Strand räkeln (Coromandel).

• Von Pat Kinsella

Das achte Weltwunder? Zumindest Rudyard Kipling gab dem Milford Sound an der Westküste von Neuseelands Südinsel diesen Titel.

MARCONI COUTO DE JESUS © SHUTTERSTOCK

MALTA

Die lange Geschichte des mediterranen Archipels ist auf Malta überall zu spüren: Prähistorische Tempel thronen im Landesinneren, Festungen aus dem 17. Jh. säumen die Küste und ein Labyrinth aus Tunneln – von Katakomben bis zu Luftschutzbunkern – führt hinab in die Tiefe. Maltas Reichtümer sind schon seit Jahrhunderten, wenn nicht Jahrtausenden, an ihrem Platz, aber das Land lebt gerade auf – dank der Vorbereitung auf Vallettas Intermezzo als Europas Kulturhauptstadt 2018. Geplant sind internationale Filmfestivals sowie eine Biennale der zeitgenössischen Kunst. Und dann sind da noch der entspannte Lebensrhythmus am Meer, die Strände und mehr als 300 Sonnentage im Jahr.

LISEYKINA © GETTYIMAGES

06

Hübsch verzierte Malteser Stadthäuser säumen die Straßen von Valletta, einer der Europäischen Kulturhauptstädte 2018

Die Sonne geht unter über Victorias mittelalterlicher Zitadelle auf der maltesischen Insel Gozo

Bevölkerung: 419 000

Hauptstadt: Valletta

Sprachen: Maltesisch, Englisch

Währung: Euro

Anreise: Auf dem Malta International Airport landen und starten Flüge aus ganz Europa sowie Dubai (über Zypern). Hochgeschwindigkeitskatamarane oder reguläre Fähren sind in ein paar Stunden auf Sizilien, und Valletta ist ein beliebter Halt für Kreuzfahrtschiffe.

WARUM HINFAHREN?

Das tiefblaue, klare Wasser rund um die maltesischen Inseln ist perfekt für Wassersport aller Art und deshalb gibt es hier auch einige der weltbesten Tauchspots. Von fast überall blickt man auf einen unfassbar blauen Horizont und scheinbar endloses Meer. 2018 wird Maltas beeindruckender kultureller Reichtum gefeiert: Die im Golddekor schwelgende barocke St. John's Co-Cathedral und Vallettas Grand Harbour werden eine einzigartige Kulisse für Konzerte und andere Veranstaltungen abgeben. In Vorbereitung auf das Jahr als Kulturhauptstadt werden in Vallettas zauberhaften alten Stadthäusern Boutiquehotels eingerichtet und die örtliche Restaurantszene verzeichnet zahlreiche Neueröffnungen. Trotzdem bleibt noch genug vom alten Charme: die verblichenen alten Barschilder in der Strait Street (früher Rotlichtviertel), der älteste Plattenladen der Welt, oder Juweliere, die maltesische Filigranarbeiten so dünn wie Zahnseide verkaufen.

NICHT VERPASSEN

- Ein *pastizz* (warme Teigtasche gefüllt mit Ricotta oder Erbsen) frisch aus dem Ofen im Crystal Palace in Rabat. In der winzigen Bäckerei gibt's die beste Version dieses Snacks auf Malta, deutlich zu erkennen an der langen Schlange.
- Schwimmen in der Blauen Grotte, einer wunderschönen geschützten Bucht mit strahlend weißem Sand und tiefblauem Wasser.

CHRISTIAN KOBER / JOHN WARBURTON-LEE PHOTOGRAPHY LTD © GETTYIMAGES / AWL IMAGES

„Ich liebe die Sonne! Ich liebe es, dass ich in ein paar Minuten am Meer bin. Wir arbeiten hart, aber man kann zu Hause bleiben und hat trotzdem das Gefühl, als wäre man im Urlaub!“

Denise Briffa, Publizistin für Restaurantführer

- Zu den prähistorischen Tempeln Ħaġar Qim und Mnajdra wandern, die vor 5000 Jahren gebaut wurden.

BESTE REISEZEIT

Maltas Klima ist von April bis Juni und von September bis Oktober am angenehmsten. Im Juli und August ist es unerträglich heiß und voll, aber es gibt auch Feste und Veranstaltungen. Von November bis März scheint mehr Sonne als in Nordeuropa, aber das Wetter ist auch deutlich unberechenbarer.

• Von Abigail Blasi

REISEPLAN

Eine Woche auf Malta

- Ein oder zwei Tage braucht man für die Kulturschätze der Hauptstadt **Valletta**.
- Den Besuch im **Hypogäum**, einer 5000 Jahre alten unterirdischen Anlage, sollte man im Voraus buchen, danach diniert man in einem der vielen Küstenrestaurants in St. Julian's.
- Mit dem Boot geht es in die **Blaue Grotte**, dann zu den nahe gelegenen Tempeln Ħaġar Qim und Mnajdra.
- Jetzt eine Runde entspannen an den Sandstränden der **Golden Bay** oder in der Bucht **Għajn Tuffieħa**.
- Zu der ummauerten Stadt **Mdina** und zum benachbarten **Rabat** wandern, und sich auf die Dingli Cliffs wagen, Maltas höchste Stelle.
- Die letzten zwei Tage verbringt man auf Gozo mit Entspannen und Erforschen der Höhlen und Buchten mit rotem Sand.

07

In ihrer Blütezeit beherbergte die Jahrtausende alte Höhlenstadt Wardsia knapp 50 000 Menschen; noch heute leben ein paar Hundert Mönche in den Felshöhlen

GMSTOCKSTUDIO © SHUTTERSTOCK

07
BEST IN TRAVEL 2018

GEORGIEN

Im Südkaukasus wird das Handeln in der Gegenwart immer noch von der Geschichte bestimmt. Und so ist Georgien zugleich zukunftsorientiert, aber auch stolz auf seine Traditionen. Ein Land, in dem nach altbewährten Rezepten gekocht wird und man mit Selbstgebranntem das Glas auf alte und neue Helden hebt. Auf ihre Weine sind die Georgier so stolz, dass Grenzbeamte am Flughafen ankommenden Touristen zu ihren gestempelten Pässen nicht selten eine Flasche Rotwein in die Hand drücken. Vor genau 100 Jahren wurde Georgien im Zuge der Russischen Revolution zu einem unabhängigen Staat erklärt – ein Grund mehr, 2018 auf das Land anzustoßen!

Bevölkerung: 4,9 Mio.
Hauptstadt: Tiflis
Sprache: Georgisch
Währung: Lari
Anreise: Ein dichtes Busnetz, *marshrutky* (Minibusse) und Minivans verbinden Georgien mit den Nachbarländern und anderen, weiter entfernten Zielen. Der internationale Flughafen Tiflis bietet Direktflüge zu und von fast 30 internationalen Städten an. Bei manchen Regionen sollte man vorher aktuelle Informationen einholen, ob die Einreise möglich ist.

WARUM HINFAHREN?

Der Einfluss der Nachbarländer – Russland, Türkei, Armenien und Aserbaidschan – ist auf Schritt und Tritt zu spüren. Wer sich in die spektakuläre Landschaft Georgiens aufmacht, wird auf orthodoxe Kirchen auf hochaufragenden Bergen stoßen, mittelalterliche Klöster, die sich in Tälern verstecken, besichtigen sowie zwischen Felswände eingeklemmte Städte entdecken. Reisende verlassen das Land mit einem Staunen im Gesicht und fragen sich , warum hier eigentlich nicht die ganze Welt Schlange steht, um das zu erleben. Zumal die Bürger vieler Länder hier ein ganzes Jahr lang ohne Visum reisen dürften – ein Vergnügen, das man sich hier tatsächlich leisten kann!

Seit 8000 Jahren fließt der Wein durch die Adern Georgiens, und es versteht sich von selbst,

„Wenige Stunden von Tiflis entfernt – der Kaukasus leuchtet grellweiß in der Ferne – ist es immer noch möglich, eine atemberaubende Landschaft ganz für sich allein zu haben, in absoluter, vollkommener Ruhe."

Marc Hulst, vor 20 Jahren nach Tiflis ausgewandert

REISEPLAN

Drei Wochen in Georgien

- In den Kopfsteingassen der **Tifliser** Altstadt lässt man die Atmosphäre auf sich wirken und erhält bei einem Tagestrip nach Davit Garedscha Einblick in das mittelalterliche Klosterleben.
- Weiter geht's in **Batumi**, wo man den traditionellen Reiz des Schwarzen Meeres und ein Kontrastprogramm zu Hochhäusern und Partyhochburgen genießen kann.
- Auf den wilden Pfaden von **Swanetien** passiert man alpine Dörfer wie aus dem Märchenbuch und schneebedeckte Gipfel.
- Mit dem Fahrrad geht's dann zu atemberaubenden Gletschern, Wasserfällen und Bergpässen bis auf die Höhe des **Kazbegi**.
- Am Schluss widmet man sich mit einem Glas Rebensaft in den Weinbergen von **Kachetien** den kulinarischen Genüssen Georgiens.

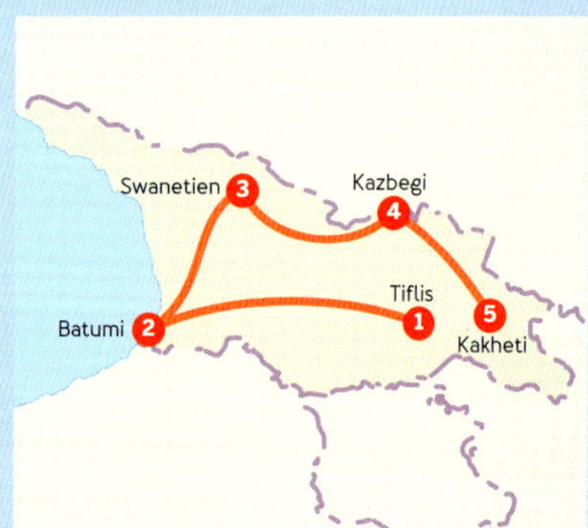

dass ein Festessen – zu dem Auberginensalat, würzige Eintöpfe und frische Chinkali (Teigtaschen) gehören – von Trinksprüchen und Wein begleitet wird. Auch auf das Wohl der ausländischen Besucher, die gerne in die georgischen Lieder einstimmen, wird so manches Glas erhoben.

NICHT VERPASSEN

- Direkt an der Grenze zu Aserbaidschan, in grandioser Naturkulisse, liegt das georgisch-orthodoxe Kloster Davit Garedscha. Die ältesten Zellen sind in den Fels gegrabene Höhlen.
- Die mittelalterliche Höhlenstadt Wardsia, vor fast 1000 Jahren in eine Felswand gemeißelt, ist sowohl ein Tor zu einer antiken Welt als auch ein aktives Kloster – in ein paar Höhlen wohnen Mönche, Besucher sollten sich dezent kleiden.
- Auf dem Weg nach Russland liegt der leicht zugängliche Ort Kazbegi in dem Tal, in dem sich die Gergetier Dreifaltigkeitskirche vor dem Bergpanorama des Kazbek (5047 m) erhebt. Die Stadt ist ein guter Ausgangspunkt für Wanderungen, Kletter- und Radtouren in den hohen Kaukasus.

BESTE REISEZEIT

Georgien ist das ganze Jahr über ein perfektes Reiseziel – man kann im Sommer hervorragend wandern, raften und reiten und im Winter Ski fahren. Wenn die Luftfeuchtigkeit in Juli und August steigt, bieten die Berge oder das Schwarze Meer Erholung. Die Weinlese in Kachetien dauert von Ende September bis Ende Oktober.

• Von Marika McAdam

Die im 4. Jahrhundert als persische Zitadelle erbaute Festung Nariqala überblickt die labyrinthartige Altstadt von Tiflis

AARON GEDDES PHOTOGRAPHY © GETTY IMAGES / MOMENT OPEN

Hoch oben im Kaukasus wurden vor über 100 Jahren die Swanetischen Türme zur Verteidigung gebaut – heute sind sie Teil des Unesco-Welterbes

BORTNIKAU © GETTY IMAGES / ISTOCKPHOTO

MAURITIUS

Das märchenhafte Inselidyll ist vor allem für eines berühmt: für seine luxuriösen Resorts und sein türkis-blaues Wasser, wo man in Korallenriffs tauchen, kitesurfen, Kajak fahren und durch Lagunen schippern kann. Zu Kolonialzeiten galt Mauritius wegen seiner strategischen Lage als „Schlüssel zum Indischen Ozean". Zumindest was den Flugverkehr betrifft, könnte es das wieder werden, da sich die Insel als Drehscheibe für Flüge zum afrikanischen Festland etablieren will. Neue Verbindungen nach Mauritius gibt es von Air Mauritius und KLM ab Amsterdam. 2018 wird noch einmal an die einstigen Ruhmeszeiten erinnert, wenn die Insel 50 Jahre Unabhängigkeit feiert.

CLAIRE WILLANS © 500PX

Ein für Mauritius typischer Anblick; die Insel feiert 2018 den 50. Jahrestag ihrer Unabhängigkeit

08

Bevölkerung: 1,4 Mio.
Hauptstadt: Port Louis
Sprachen: Kreolisch, Bhojpuri, Französisch, Englisch
Währung: Mauritius-Rupie
Anreise: Fluggesellschaften wie Air Mauritius fliegen Mauritius' Sir Seewoosagur Ramgoolam International Airport direkt von Europa, Afrika, dem Nahen Osten, Asien und Australien an.

„Mauritius ist reich an Geschichte, kulturellen Traditionen und authentischen Erlebnissen. In den Straßen von Port Louis erwartet den Besucher der bunte Zentralmarkt und im Süden der Insel eine wilde Natur.“

Amélie Marrier d'Unienville, Reiseführer

WARUM HINFAHREN?

Eine gute Zeit, um sich unter die multikulturellen, meist kreolischen und indo-mauritischen Inselbewohner zu mischen, ist rund um den Unabhängigkeitstag am 12. März, wenn sie die Ablösung von der britischen Herrschaft feiern und an der Pferderennbahn Champ de Mars in Port Louis die Landesflagge hissen. Bei der jährlichen Zeremonie gibt es Militärparaden, Livemusik sowie Tanz- und Lichtershows. Bei Gemeindefesten überall im Land verzieren Kinder ihre Gesichter mit den vier Farben der Flagge. Für das leibliche Wohl sorgen Unmengen *dhal puri* (ein Snack mit Fladenbrot und Curry), Meeresfrüchte-Gerichte von Oktopussalat bis zu würzigem Fisch-*vindaye*, kreolische Klassiker wie *rougaille*-Eintopf, Dim Sum und natürlich Ananas, Kokosnüsse und Rumpunsch. Die vielfältige Küche ist ein Erbe der holländischen, französischen und britischen Besatzung sowie der Wurzeln der

Der Wasserfall bei Chamarel stürzt mehr als 95 m in die Tiefe

ALES-A © GETTY IMAGES

Inselbewohner. Sehenswürdigkeiten wie der Hindu-Tempel aus dem 19. Jh. in Triolet und zahlreiche Angebote für Outdooraktivitäten zeigen, dass Mauritius weit mehr zu bieten hat als nur fantastische Strände.

NICHT VERPASSEN

- Eine Wanderung durch uralte Wälder zu Wasserfällen im Black-River-Gorges-Nationalpark, wo der einheimische Mauritiusfalke, rosa Tauben und der Mauritiussittich zu Hause sind.
- Die prachtvolle Villa Eureka besichtigen, ein kreolisches Herrenhaus aus dem 19. Jh. mit 109 Türen und Möbeln der Französischen Ostindienkompanie, ebenso wie das neoklassizistische Château de Labourdonnais, wo tropische Obstgärten und eine Rum-Destillerie die nüchterne viktorianische Einrichtung ergänzen.
- Das bergige Hinterland auf Abenteuertouren entdecken, z. B. ein Trip mit E-Mountainbikes zum fast 100 m hohen Chamarel-Wasserfall und einer alten Zuckerfabrik mit Electro-Bike Discovery, sowie Ziplining durch bewaldete Schluchten in der Casela World of Adventures.

BESTE REISEZEIT

Mauritius' tropisches Klima macht es das ganze Jahr über zum lohnenswerten Ziel, mit warmen, trockenen Wintern (Mai–Nov.) und feuchten Sommern (Dez.–April). Die ersten Monate im Jahr sind geprägt von Regen und Zyklonen, die Passatwinde im Juli und August können ziemlich unangenehm sein. Um Weihnachten rum ist viel los, aber es ist auch eine gute Tauchsaison.

• Von James Bainbridge

REISEPLAN

Zwei Wochen auf Mauritius

- Mauritius' Touristenhochburg **Grand Baie** bietet unschlagbare Shopping- und Partymöglichkeiten. Am besten quartiert man sich in einem benachbarten Strandort ein.
- Danach geht's zur **côte sauvage** („die wilde Küste"), der exklusiven Ostflanke der Insel, man wohnt in **Trou d'Eau Douce** („Süßwasserloch"), und die Île aux Cerfs ist nicht weit entfernt.
- Vom rustikalen Bergdorf **Chamarel** geht es zum Black-River-Gorges-Nationalpark und den Sanddünen der Terres des Sept Couleurs.
- Die bewaldete **Île aux Aigrettes**, 800 m vor der Küste, zeigt, wie Mauritius aussah, als die ersten Entdecker ankamen.
- Ein 90-minütiger Flug bringt Besucher zur abgelegenen mauritischen Insel **Rodrigues**, ein Vulkanfelsen umgeben von Lagunen und Korallenriffen.

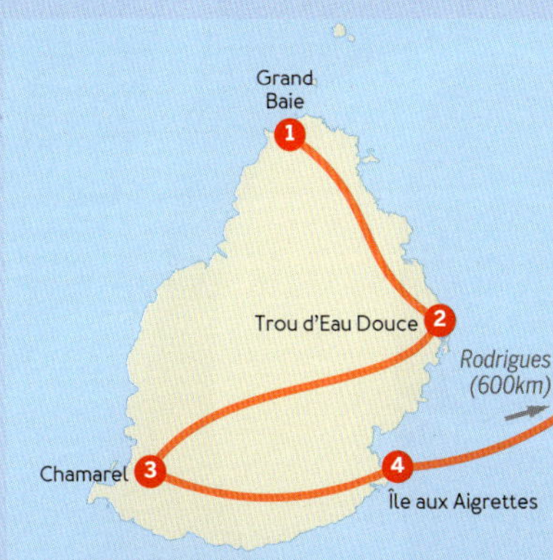

09

REAL444 © GETTY IMAGES

09
BEST IN TRAVEL 2018

CHINA

Das bevölkerungsreichste Land der Welt ist riesengroß und voller Mysterien. Seit 2016 gibt es in China ein ausgedehntes neues Schienennetz für Expresszüge, das größte der Welt. Pekings Kaiserpalast – die Verbotene Stadt – wurde in den letzten Jahren komplett renoviert, der gigantische Shanghai Tower empfängt nun endlich Besucher auf der höchsten Aussichtsplattform der Welt, und Ende 2017 öffnet in der südchinesischen Stadt Shenzhen das Design Society Museum seine Türen. Der neue Kulturhotspot entstand in Zusammenarbeit mit Londons Victoria & Albert Museum. China ist im 21. Jahrhundert angekommen – also auf in einen Expresszug und das moderne „Reich der Mitte“ erkunden!

Bevölkerung: 1,3 Mrd.

Hauptstadt: Peking

Sprachen: Mandarin, Kantonesisch, Portugiesisch (Macau), Englisch (Hongkong)

Währung: Yuan

Anreise: Internationale Flugverbindungen zu allen größeren Städten Chinas; Peking und Shanghai sind die wichtigsten Knotenpunkte. Die Transmongolische Eisenbahn verbindet Peking über die Mongolei mit Moskau.

WARUM HINFAHREN?

Zum einen sind da die weltbekannten Sehenswürdigkeiten wie die Überbleibsel früherer Kulturen, die strahlenden Megacitys, die berühmte Große Mauer, der Sternenhimmel über der Seidenstraße sowie einige der bedeutendsten buddhistischen Kunstwerke der Welt. Viele von ihnen wurden in den letzten Jahren auf Hochglanz gebracht. Mittlerweile lassen sich aber auch ehemals abgelegene Ziele wie Gansu, ein Juwel an der Seidenstraße, und der Backpacker-Außenposten Yunnan im Südwesten durch die neuen Bahnstrecken schnell erreichen. Selbst öffentliche Toiletten haben sich zur Freude der Touristen verbessert. In Windeseile baute man in den letzten zwei Jahren Glasbrücken, die neue Perspektiven auf spektakuläre Schluchten ermöglichen, die buddhistischen Höhlentempel von Mogao erhielten ein hochmodernes Besucherzentrum und ein Craft-Bier-Trail verbindet mit einem schicken neuen Expresszug Shanghai und Kunming.

NICHT VERPASSEN

- Das „Goldene Dreieck": Die Große Mauer entlanglaufen, sich ganz klein fühlen auf dem Tian'anmen-Platz, die gigantische Terrakotta-

REISEPLAN

Ein Monat in China

- Los geht's in **Peking**, mit der Verbotenen Stadt, dem Sommerpalast, und einem Tagestrip nach Mutianyu zur Großen Mauer.
- Man fährt mit dem Schnellzug zur Armee der Terrakotta-Krieger in **Xi'an**, wo es einiges über das islamische Erbe Chinas zu erfahren gibt.
- Von der welthöchsten Aussichtsplattform blickt man auf **Shanghais** Stadtbild und genießt das grüne Stadtviertel French Concession.
- Im Hinterland wartet ein unvergesslicher Sonnenuntergang über den **Reisterrassen von Yuanyang** in der Provinz Yunnan.
- Die Reise endet im pulsierenden **Hongkong**. Unbedingt mitnehmen: eine Abendfahrt auf der Star Ferry, den Blick vom Victoria Peak und einen (oder drei) Cocktails im abgefahrenen Viertel Sai Ying Pun.

EDWIN REMSBERG © GETTY IMAGES

Ein Mann fährt mit seinem Fahrrad durch ein Hutong im Zentrum von Peking

„Mich zieht es immer in die Hutongs von Peking. Erst auf einen Kaffee ins Café Zarah, dann zum Brunch auf die Dachterrasse des Orchid Hotels, gefolgt von einem Rundgang um den Houhai-See."
Gründer und Eigentümer von Great Leap Brewing

Krieger-Armee in Xi'an bestaunen und Shanghais leuchtende Skyline bewundern.

- Frisch gebratene Nudeln oder dampfende Teigtaschen auf einem Nachtmarkt, knusprige Entenscheiben im Dadong Roast Duck in Peking oder Dim Sum in einem Teehaus in Hongkong genießen.
- Entlang der historischen Seidenstraße riesige Buddha-Statuen bestaunen, auf der inneren *kora* (Pilgerweg) im Kloster Labrang wandeln und pfirsichfarbene Sanddünen runterrutschen.

BESTE REISEZEIT

Frühling und Herbst sind die besten Reisezeiten. Im Sommer ist es im Süden oft heiß und feucht und im Winter im Norden bitterkalt. Im Jahr 2018 fällt das Chinesische Neujahr auf den 16. Februar. Während der 40 Reisetage um diesen Feiertag muss man sich überall auf Menschenmassen und Engpässe bei Eintrittskarten gefasst machen.

• Von Megan Eaves

Die uralte Praxis der Kormoranfischerei, bei der die Vögel Fische fangen, die für sie zu groß zum Schlucken sind, kann man in einigen Teilen Chinas immer noch erleben

PACMANFROG PHOTO © GETTY IMAGES

SÜDAFRIKA

Strände und Berge, Wildtiere und Wein, und nicht zu vergessen das kosmopolitische Kapstadt – Südafrika ist schon lange eines der verlockendsten Länder der Welt. Aber dieses Jahr kommt zu den vielen Attraktionen des Landes noch eine weitere hinzu: „Nelson Mandela Centenary 2018: Be the Legacy", ein offizielles Veranstaltungsprogramm zu Ehren des legendären Anführers mit dem Schwerpunkt auf Sport, Bildung und Kunst. Dazu wird es Ausstellungen geben und günstige Wechselkurse, die ein gutes Preis-Leistungs-Verhältnis versprechen. Kein Zweifel: 2018 ist das perfekte Jahr für einen Besuch Südafrikas!

MHGALLERY © GETTY IMAGES / ISTOCKPHOTO

10

In Südafrikas Nationalparks leben zahlreiche Wildtierarten, darunter auch die Kaffernbüffel.

Bevölkerung: 53 Mio.

Große Städte: Pretoria, Bloemfontein, Kapstadt

Sprachen: Zulu, Xhosa, Afrikaans, Englisch, Siswati, Xitsonga, Sesotho, Setswana, Venda, Nord-Sotho, Ndebelee

Währung: Südafrikanischer Rand

Anreise: Der Internationale Flughafen von Kapstadt und der OR Tambo International Airport in Johannesburg sind die Hauptziele für Flugreisende. Auf dem Landweg überquert man die Grenzen zu Namibia, Botswana, Mosambik und Simbabwe.

WARUM HINFAHREN?

Südafrika ist mit seiner Fülle an großen und kleinen afrikanischen Wildtieren ein erstklassiges Safariziel. Dazu kommt, dass diese abenteuerlichen Streifzüge in die unglaubliche Wildnis auch noch viel weniger kosten als anderswo, da sich die Preise für Südafrikas Nationalparks und -reservate an den Einkommen einheimischer Besucher orientieren. Dasselbe gilt für einige der spektakulärsten Wanderziele Afrikas, egal, ob man Gipfel im 2430 km² großen uKhahlamba-Drakensberg-Park erklimmt, die Küstenwege im Garden Route-Nationalpark entlangläuft oder nach antiker Felskunst in den Zederbergen sucht. Der Tafelberg eignet sich auch gut, um sich die Beine zu vertreten und eine der schönsten Städ-

„Hier sieht man, wie komplex die Welt ist. Intellektuelle Selbstgefälligkeit wird nicht toleriert. Wenn man mit anderen Mitbürgern zu tun hat, muss man ständig seine Sicht auf die Welt überdenken. Ich liebe das."

Iain Harris, Gründer, Coffeebeans Routes

Die 300 km lange Garden Route führt an so herrlichen Flecken wie dem Strand im Wilderness-Nationalpark vorbei

PETER UNGER © GETTY IMAGES / LONELY PLANET IMAGES

te der Welt von oben zu betrachten. Kapstadts vielfältiges Kulturangebot, die goldenen Strände und die Weinberge sind jedes für sich lohnende Ziele. Sogar Johannesburg, eine Stadt, die früher von Besuchern gemieden wurde, ist jetzt gespickt mit hippen, florierenden Vierteln wie Maboneng, Norwood und Braamfontein.

NICHT VERPASSEN

- Eine Safari zum Selbstfahren in der 19 485 km^2 großen, unvergesslichen Wildnis des Kruger-Nationalparks – beobachten, wie Zebras kreuzen, die Luft anhalten, wenn Nashörner vorbeipreschen und vorsichtig durch die langen Schatten der Elefanten fahren.
- Die entlegene Wild Coast vom Great Kei River nach Port St. Johns entlanglaufen, wo schroffe Klippen, Sandstrände und ländliche Xhosa-Dörfer eine faszinierende Reise versprechen.
- In die bedrückende – sehr nahe – Geschichte des Landes eintauchen – im ergreifenden Apartheid-Museum in Johannesburg und auf Robben Island vor Kapstadt, wo Nelson Mandela 18 seiner 27 Jahre im Gefängnis verbrachte.

BESTE REISEZEIT

Safaris sind das ganze Jahr über super, aber die beste Zeit für einen Besuch ist von Juni bis September, wenn das Wasser knapp wird und die Tiere sich an den Wasserstellen versammeln. Das Sommerwetter (Nov.–März) ist ideal für alle anderen Vorhaben. Ende August oder Anfang September kann man sich an den Farben der Wildblumensaison berauschen.

• Von Matt Phillips

REISEPLAN

Zwei Wochen in Südafrika

- Man beginnt am besten in **Kapstadt** mit einer Wanderung (oder Seilbahnfahrt) auf den Tafelberg für die atemberaubende Aussicht, bevor man sich zum Chillen an den Strand begibt.
- Von Kapstadt geht es nach Osten zur Walbeobachtung in **Hermanus**, weiter entlang der malerischen Garden Route mit den Wäldern und Lagunen von **Knysna**.
- Nach einem Flug zum Hafen von Durban stehen spannende Wanderungen auf dem **uKhahlamba-Drakensberg** oder Tauchen mit Haien an den **Protea Banks** im Indischen Ozean an.
- Später saugt man die städtische Atmosphäre von **Johannesburgs** aufstrebenden Vierteln auf.
- Am Schluss fliegt man noch in den **Kruger-Nationalpark**, um die Erhabenheit von Südafrikas Wildtieren zu erleben.

LONELY PLANETs

TOP 10 REGIONEN

Belfast & die Causeway Coast, Nordirland / Alaska, USA

Julische Alpen, Slowenien / Languedoc-Roussillon, Frankreich / Kii-Halbinsel, Japan / Liparische Inseln, Italien / The Deep South, USA / Lahaul & Spiti, Indien

Bahia, Brasilien / Los-Haitises-Nationalpark, Dominikanische Republik

Der nördlich von Belfast gelegene Giant's Causeway im County Antrim ist die vielleicht berühmteste Sehenswürdigkeit von ganz Irland

01

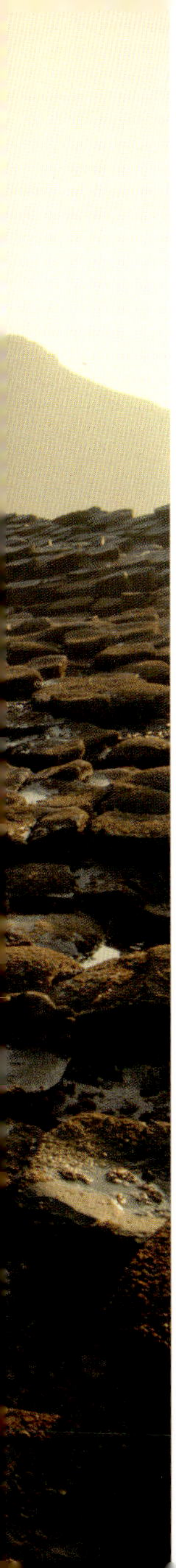

STUART STEVENSON PHOTOGRAPHY © GETTY IMAGES

01 BEST IN TRAVEL 2018

TOP 10 REGIONEN

BELFAST
& CAUSEWAY COAST, NORDIRLAND

In den letzten zwanzig Jahren hat Belfast einen bemerkenswerten Neustart hingelegt: vom Kriegsgebiet zur hippen Stadt. Statt schwer bewaffneter Soldaten säumen heute Bars und Restaurants die Straßen, und aus dem alten Hafenviertel wurde das pulsierende Titanic Quarter mit schicken Wohnungen und einem sensationellen Museum. Doch das alles ist nur ein Vorgeschmack auf die Sensationen vor Belfasts Haustür: die zeitlos schöne Causeway Coast und ihr exzellentes Freizeitangebot – Golf, Whiskey und einige der berühmtesten Felsen der Welt!

Bevölkerung: 280 900 (Belfast)
Hauptstadt: Belfast
Sprache: Englisch
Währung: Britisches Pfund
Anreise: Belfasts zwei Flughäfen werden direkt aus Großbritannien und vom europäischen Festland angeflogen. Züge fahren vom Hauptbahnhof nach Dublin und zu allen Zielen in Nordirland. Die Causeway Coast erreicht man am besten mit einem der Busse vom Europa Bus Centre oder mit dem Auto.

WARUM HINFAHREN?

In Belfast steckt mehr als das Erbe des Nordirlandkonflikts, trotzdem sollte man auf keinen Fall das Crumlin Road Gaol verpassen – bis 1996 ein Gefängnis –, um zu verstehen, wie furchterregend sich die Dinge damals entwickelt haben. Auch die RMS Titanic wurde in Belfast gebaut. Die Titanic Experience ist ein Multimedia-Spektakel über die Geschichte Belfasts und den Bau des berühmtesten Schiffes der Welt. Ganz in der Nähe kann die SS Nomadic besichtigt werden, eine Dampfschiff-Fähre von 1911.

Der Giant's Causeway ist die große Attraktion der Causeway Coast, doch in Portstewart wartet Harry's Shack: In diesem Holzhaus, das dem National Trust gehört, befindet sich eines der besten Restaurants in Nordirland, eine perfekte Anlaufstelle nach einer Partie Golf auf

„Für die meisten ist der Giant's Causeway das Größte, aber für mich ist das der Knickerbocker Glory von Morelli's in Portstewart – die machen den seit 1911!"

Stephen McKenna, Reiseveranstalter und Einwohner von Portstewart

REISEPLAN

Zwei Tage Belfast & Causeway Coast

- Eine kostenlose Führung durch die **Belfast City Hall** machen, einen spätviktorianischen Bau, dessen Pracht an den Wohlstand Belfasts zu dieser Zeit erinnert.
- Durch die **Viertel Cathedral und Titanic** schlendern und in einem der großartigen viktorianischen Pubs einkehren, zum Beispiel im Crown Liquor Salon oder im Duke of York.
- In den Nordwesten zum **Giant's Causeway**, um dort auf den magischen Basaltsäulen herumzuturnen, ehe es zur fesselnden Giant's Causeway Visitor Experience geht.
- Todesmutig die **Carrick-a-Rede-Seilbrücke** über dem tosenden Abgrund zwischen Meeresklippen und einer kleinen Insel überqueren.
- Die Nerven mit einem Schluck Whiskey oder fünf in der **Bushmills Distillery** beruhigen.

den atemberaubenden Portstewart Links – vielleicht nicht ganz so berühmt oder teuer wie die Golfplätze in Royal Portrush etwas die Küste hinab, aber auf jeden Fall genauso schön.

NICHT VERPASSEN

- Mit einem schwarzen Taxi der Black Taxi Tours (halten in der ganzen Stadt) eine 90-minütige Tour durch West-Belfasts Politikgeschichte machen, hoch zur katholischen Falls Road bis runter zur protestantischen Shankill Road, vorbei an den berühmten Wandbildern und der berüchtigten „Peace Wall", der Barriere, die 1969 gebaut wurde, um Katholiken und Protestanten in West-Belfast auseinander zu halten.
- Die riesigen Kupfer-Brennkessel der Bushmills Destillery ansehen, den Whiskey-Nebel tief einatmen und fünf verschiedene Blends in der ältesten legalen Destille der Welt probieren. Danach im Inn nebenan ausschlafen.

BESTE REISEZEIT

Der Sommer (Juni bis August) ist die beliebteste Reisezeit, weil Irlands unberechenbares Wetter sich in dieser Zeit meist zu benehmen weiß. Aber auch im September gibt's oft noch lange, sonnige Tage. Dann ist auch weniger los, und man kann die Landschaft ungestört genießen.

• Von Fionn Davenport

NAHLIK © SHUTTERSTOCK

Das eindrucksvolle Äußere von Titanic Belfast ist ein Vorgeschmack auf die tollen Ausstellungen zu dem berühmten Schiff und zu Belfasts Industriegeschichte

ALASKA, USA

Alaskas raue, ungezähmte Natur bietet echte Abenteuer. Wo sonst kann man an 20 Stunden langen Sommertagen auf schneebedeckte Berge steigen, Grizzlys erspähen oder in die Fußstapfen der Klondike-Goldsucher treten? Direkte Flugverbindungen nach Europa und der Ausbau der Kreuzfahrtlinien machen Alaska attraktiver denn je. Die größeren Kreuzfahrtbetreiber setzen künftig auf Schiffe mit mehr Passagieren und auf ein vielseitigeres Angebot, während kleinere Anbieter wie Alaskan Dream Cruises aufstocken, indem sie mehr Routen befahren und mehr Ausflüge anbieten, auf denen man Weißkopfseeadler, Buckelwale und Gletscher zu Gesicht bekommt.

BETTY WILEY © GETTY IMAGES / MOMENT RF

Ein imposanter Buckelwal taucht aus dem Wasser auf; im Hintergrund befinden sich die Berge von Alaskas Glacier Bay

Bevölkerung: 741 894
Größte Stadt: Anchorage
Sprache: Englisch
Währung: US-Dollar
Anreise: Am Ted Stevens Anchorage International Airport, Alaskas größtem Flughafen, landen einige internationale Direktflüge. Das Alaska Marine Highway System verkehrt über eine Fährenroute, die in Bellingham, Washington, anfängt und sich durch die Inside Passage windet. Ebenfalls beliebt ist der Alcan (Alaska-Kanada) Highway über das Yukon Territory in Kanada.

WARUM HINFAHREN?

Mit dem größten Nationalpark Amerikas (Wrangell-St. Elias), dem größten State Park (Wood-Tikchik) und dem höchsten Berg Nordamerikas (Mt. Denali) hat Alaska im Hinblick auf Naturwunder in der Tat einige Trümpfe zu bieten. Am besten mit einem Wasserflugzeug in ein entlegenes Camp mit mehr Grizzlys als Menschen fliegen, 800 Kilometer bis zur arktischen Tundra fahren oder gleich die Klettereisen anschnallen und über einen Gletscher wandern.

Auch Alaskas Städte und Städtchen lohnen einen Stopp. So zum Beispiel die ehemalige Goldrausch-Siedlung „Chicken" (Einwohner: ca. 7). Angeblich heißt sie so, weil niemand wusste, wie man „Ptarmigan", Schneehuhn, schreibt. Dann sind da noch die Ureinwohner Alaskas. Wie sie in der Moderne angekommen sind und zugleich ihre uralten Traditionen bewahren, kann man im entlegenen Iñupiat in Utqiagvik (ehemals Barrow) bestaunen. Wo auch immer man landet, überall haben die extremen Bedingungen einer rauen Natur mit harten Wintern für unglaubliche Geschichten gesorgt.

Zwei Forscher auf SUPs untersuchen die Eisschmelze auf dem Bear Lake im Kenai-Fjords-Nationalpark

JAMES + COURTNEY FORTE © GETTY IMAGES / AURORA OPEN

REISEPLAN

Zwei Wochen in Alaska

- Im Licht der Mitternachtssonne baden oder die Nordlichter bewundern, die in **Fairbanks** am Himmel flackern.
- Die borealen Wälder und Tundren des **Denali-Nationalparks** erkunden.
- Sich vom urbanen Leben in **Anchorage** erfrischen lassen und die Museen, Galerien und Restaurants besuchen, die es zu einer der lebendigsten Städte in Alaska machen.
- Über den **Exit Glacier** wandern, die Mega-Attraktion des Kenai-Fjords-Nationalparks und einer von mehr als 30 Gletschern in den Tälern um das Harding Icefield.
- Eine Fähre des Alaska Marine Highway Systems nach **Juneau** nehmen und auf der Fahrt die Augen nach Walen offen halten.

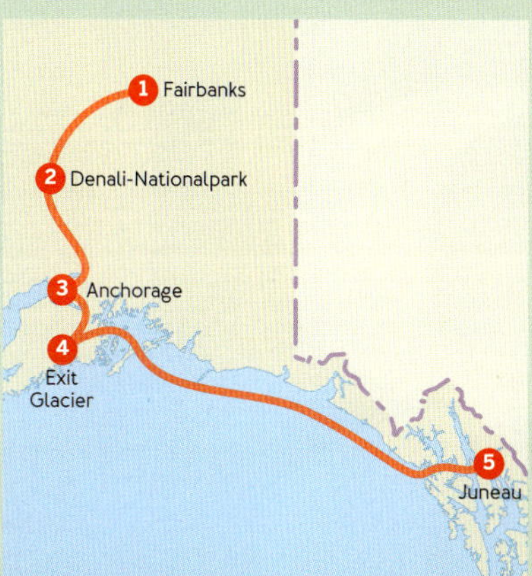

NICHT VERPASSEN

- Der namengebende Mount Denali ist der buchstäbliche Höhepunkt des Denali-Nationalparks und ein Muss für jeden, der die Wunder dieses Bundesstaates erleben will. Für viele gibt es gar keinen anderen Grund, den Flug nach Alaska zu buchen. Und mit 6190 m Höhe stellt der Berg auch ein einmaliges Erlebnis dar. Aber der Trip in den Denali Nationalpark lohnt sich nicht nur wegen des Granitgesteins: Nirgendwo auf der Welt hat man bessere Chancen, einmal Grizzlys, Elche, Karibus oder (mit etwas Glück) einen Wolf zu sehen, als hier. Am besten erspäht man diese Wildtiere durch das Fenster eines Park-Shuttle-Busses (nur im Sommer, Reservierung empfohlen).

„Wenn man nachts über sich das Polarlicht sieht und dann der Ruf eines einsamen Wolfes durch die große, gefrorene Stille des arktischen Winters hallt, spürt man, wie einmalig Alaska ist."

Seth Kantner, Fischer, Autor und Naturfotograf

BESTE REISEZEIT

Die Hauptsaison dauert von Juni bis August – dann genießen Wanderer und Naturbeobachter die langen Tage, und im ganzen Bundesstaat steigen Sommersonnenfeste. Die meisten Traveller meiden den Winter, wenn es im Landesinneren von Alaska bis zu –28 °C kalt wird. Im September fangen die Nordlichter an zu leuchten.

- Von Alexander Howard

Auf einer kleinen Insel mitten im Bleder See steht die barocke Marienkirche; zu erreichen ist sie mit einem traditionellen slowenischen *pletna*

03

ZM_PHOTO © SHUTTERSTOCK

03 BEST IN TRAVEL 2018

TOP 10 REGIONEN

JULISCHE ALPEN, SLOWENIEN

Echtes Alpenfeeling ist nicht begrenzt auf Chamonix oder Zermatt – das gibt es auch in den weit weniger bekannten Julischen Alpen. Mehr als zwei Drittel dieser Bergregion gehören zum Triglav-Nationalpark, was Bauvorhaben einschränkt und sicherstellt, dass die Infrastruktur nachhaltig ausgebaut werden muss. Früher waren die Julischen Alpen nur etwas für unerschrockene Outdoorer, doch inzwischen werden auch „Normal-Wanderer" hier glücklich – z. B. bei Wandertouren mit Übernachtungen in ehemaligen Schäferhütten, die komfortabel umgebaut wurden.

Bevölkerung: 130,000
Größte Städte: Kranjska Gora (im Norden), Bovec (im Südwesten) und Bled (im Osten)
Sprache: Slowenisch
Währung: Euro
Anreise: Ljubljana, der einzige internationale Flughafen des Landes, ist mit dem Auto 45 Minuten von Kranjska Gora oder 25 Minuten vom Touristenort Bled entfernt. Wer aus Italien via Triest oder Venedig einfliegt, reist über Bovec ein, die Fahrt dauert zwischen 90 Minuten und zwei Stunden. Öffentliche Verkehrsmittel fahren nur unregelmäßig, ein Mietwagen lohnt sich.

WARUM HINFAHREN?

Als Kulisse für einen Fantasy-Film stellen die Julischen Alpen alle am Computer generierten Landschaften in den Schatten. Die Einheimischen machen einen schnell darauf aufmerksam, dass hier nicht nur *Die Chroniken von Narnia: Prinz Caspian*, sondern auch diverse andere europäische Streifen und sogar Bollywood-Filme gedreht wurden. Das mag auch damit zu tun haben, dass hier keine Sessellifte die Aussicht verschandeln – was viele Touristen schätzen dürften. Ebenso die Freundlichkeit der Einheimischen – auf dem Global Peace Index zählt Slowenien zu den zehn einträchtigsten Ländern der Welt – , und so brechen die Slowenen gern mit Besuchern das Brot. Apropos Brot: In den Julischen Alpen kommen gerne Gerichte aus

„Als Bergsteiger, Alpinist und Bergführer sind die Julischen Alpen mein Spielplatz, meine Schule und mein Büro. Der Kalkstein der Berge meiner Heimat wird immer mein Zuhause sein."

Aleš Česen, IFMGA-Bergführer, Gewinner der Piolet d'Or

REISEPLAN

Eine Woche in den Julischen Alpen

- Erstmal verbringt man drei Tage im **Nationalpark Triglav**, um auf den schneebedeckten Höhenzügen zu wandern und zu klettern. Am besten eine mehrtägige Tour buchen und in Berghütten übernachten – wer es gemütlicher mag, bleibt im Tal und genießt Tagestouren.
- Das touristenfreundliche **Bovec** oder das kleinere **Kobarid** sind eine gute Basis zum Raften oder Kajakfahren. Haus Franko, das Restaurant von Ana Roš, war in der zweiten Staffel von Netflix' **The Chef's Table** zu sehen.
- Viel Spaß im ruhigen **Bohinj**, wo man vom Berg Vogel aus das perfekte Bild vom Gipfel des Triglav schießen kann.
- Die Reise schließlich im märchenhaften **Bled** beenden und mit einer a *pletna* (eine Art Gondel) zur Kirche auf der kleinen Insel mitten im smaragdgrünen See fahren.

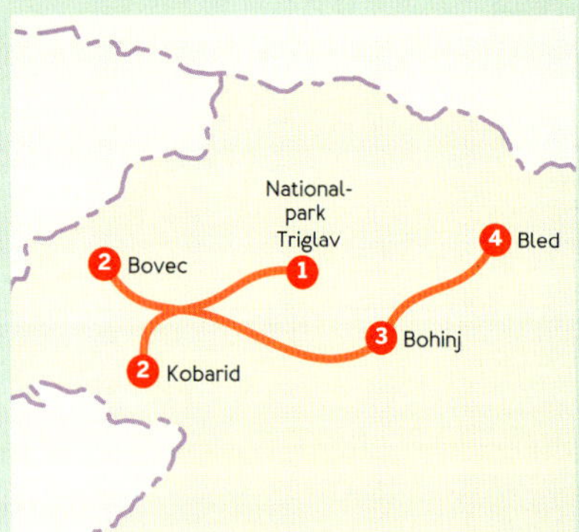

BARAT ROLAND © SHUTTERSTOCK

Skifahren in den wunderschönen Julischen Alpen ist meistens eine sehr günstige Angelegenheit

regionalen Produkten auf den Tisch, die nach einer Wandertour besonders gut schmecken.

NICHT VERPASSEN

- Der Aufstieg zum höchsten Berg Sloweniens, dem Triglav, ist ein Initiationsritus für abenteuerlustige Einheimische. Wer durchschnittlich fit ist, braucht dafür etwa zwei Tage und einen registrierten Bergführer. Man sollte unbedingt die Nacht in einer Hütte mit Blick auf den Gipfel verbringen.
- In Slowenien bieten viele Bauernhöfe Übernachtungen an. In den Julischen Alpen schlafen Gäste in malerischen kleinen Schäferhütten, es gibt leckeren Käse und die regionale Kuchenspezialität, eine Art slowenisches Mille-Feuille.
- Der Soča wird grüner Fluss genannt, denn sein reines Wasser hat die Farbe von Smaragden. Am besten ein paar Tage wandern und dann auf dem Fluss raften.

BESTE REISEZEIT

Ende August bis Mitte September ist ideal – es kommen weniger Touristen, man kann sämtliche Wanderungen unternehmen und die Seen sind noch warm. Im Winter verwandeln sich die Berge in ein wahres Wunderland für Bergsteiger, die es gern mit der Natur aufnehmen, oder für Skifahrer, die bei Planica rekordverdächtige Sprünge hinlegen wollen. Im März läuft das jährliche Ski-Weltcup-Event in Kranjska Gora.

• Von Brandon Presser

Sonnenuntergang
am Bleder See

MASSIMO PIZZOTTI © GETTY IMAGES

04 BEST IN TRAVEL 2018

TOP 10 REGIONEN

LANGUEDOC-ROUSSILLON, FRANKREICH

Südfrankreich verzaubert auf vielerlei Art: Weiße Strände, blaues Meer, die Märkte auf dem Land, die mit Macchia bedeckten Hügel. Aber die Provence und die Côte d'Azur haben sich zu lange in den Vordergrund gedrängt und 2018 könnte das Jahr der weniger bekannten Region Languedoc-Roussillon werden. Zurzeit befinden sich zwei neue Museen im Bau, die dieser schönen Ecke Frankreichs zu mehr Aufmerksamkeit verhelfen könnten – und das, obwohl jeder, der die fabelhafte Küche und die Weine hier einmal probiert hat, wirklich keinen weiteren Grund braucht, warum er die Region besuchen sollte!

7HORSES © SHUTTERSTOCK

Über dem Fluss Orb in Béziers befindet sich die befestigte Kathedrale Saint-Nazaire aus dem 13. Jh.

04

RAHAN1991 © GETTY IMAGES / ISTOCKPHOTO

Bevölkerung: 2,7 Mio.
Größte Stadt: Montpellier
Sprache: Französisch
Währung: Euro
Anreise: Toulouse ist der Verkehrsknotenpunkt mit Direktflügen nach Deutschland und in viele europäische Städte.

WARUM HINFAHREN?

Überall im Languedoc finden sich römische Überreste, von denen das Aquädukt, das wir als Pont du Gard kennen, sowie die gut erhaltenen Ruinen von Nîmes and Narbonne die bedeutendsten sind. In Nîmes wird 2018 das schicke Musée de la Romanité eröffnen. Es wurde von Elizabeth und Christian de Portzamparc entworfen und verspricht, die Römerzeit in der Region in einem ganz neuen Licht zu zeigen – ein weiteres eindrucksvolles Bauwerk in einer Stadt, in der es mit dem Carré d'Art bereits eine Kunstgalerie von Norman Foster gibt. Der britische Architekt wiederum arbeitet in Narbonne an einem anderen Museum, dem MuRéNa, das die römische Geschichte der Stadt erklären soll. Möglicherweise wird es erst 2019 fertig werden – macht aber nichts: Es gibt genug anderes im Languedoc zu sehen, zum Beispiel die verfallenden Katharerburgen in den Hügeln der Pyrenäen oder faszinierende Städte wie Perpignan, wo alle von Rugby besessen sind und die wichtigen Spiele in jeder Bar in maximaler Lautstärke übertragen werden.

NICHT VERPASSEN

- Sich einmal wie Russell Crowe fühlen, während man durch das römische Amphitheater in Nîmes schreitet, wo einst Gladiatorenkämpfe und andere Spektakel vor 24 000 grölenden Zuschauern ausgetragen wurden.

Der Pont Du Gard über dem Fluss Gardon ist eine von vielen römischen Sehenswürdigkeiten in Languedoc-Roussillon – und Unesco-Welterbe

„Mein Tipp für Kunstliebhaber ist das Musée Fabre in Montpellier – eine fantastische Sammlung mit Werken von Rubens, Poussin, Manet und Degas. Außerhalb Frankreichs ist es kaum bekannt!"
Sylvie Dubonnier, Studentin in Montpellier

- Die Festungsmauern der mittelalterlichen Stadt Carcassonne erkunden, die berühmt sind für ihre Türmchen, die spitz wie Hexenhüte aufragen. Jetzt bloß nicht an *Monty Python und die Ritter der Kokosnuss* denken ...
- Beim Kanufahren durch die Schluchten im Parc National des Cévennes wilde Tiere entdecken – diese entlegene Waldregion ist ganz weit weg von jeder Tourbus-Route.

BESTE REISEZEIT

Im Sommer ist es heiß – richtig heiß – und viele Franzosen verbringen hier im August ihre Sommerferien. Also schaut man sich die Region besser im Frühling oder Herbst an: Mai und September sind gute Monate für einen Besuch. Im April veranstaltet Nîmes römische Spiele im Amphitheater.

• Von Oliver Berry

REISEPLAN

Eine Woche im Languedoc

- In **Nîmes** startet man mit dem gewaltigen Amphitheater und dem Pont du Gard in der Nähe.
- Weiter Richtung Westen nach **Montpellier**, zu sonnigen Stränden und mittelalterlichen Stadthäusern, die **hôtels particuliers** genannt werden.
- **Jurassic Park** im kinderfreundlichen **Parc des Dinosaures** in Mèze nachspielen, wo authentische Modelle die Riesenechsen zum Leben erwecken.
- Den **Canal du Midi**, Frankreichs berühmtesten Kanal, von Béziers oder Narbonne aus mit dem Schiff befahren.
- Zum Schluss nach **Perpignan**, wo Frankreich auf Spanien trifft – es platzt fast vor katalanischer Kultur und ist das Zuhause des ehemaligen Palastes der Könige von Mallorca.

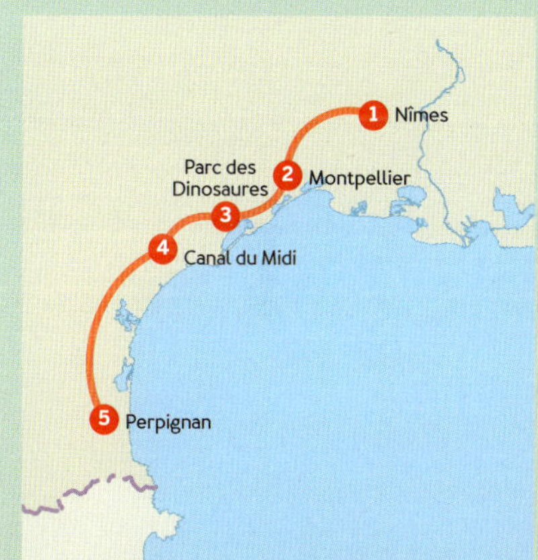

Der heilige Wasserfall Nachi-no-Ōtaki stürzt neben dem buddhistischen Tempel Seiganto-ji 133 m in die Tiefe

SEAN PAVONE © SHUTTERSTOCK

05
BEST IN TRAVEL 2018

KII-HALBINSEL, JAPAN

Nach Japan zu fahren ist mega-in. Die Anzahl der Besucher hat sich in den letzten drei Jahren verdoppelt und wird allen Prognosen nach noch steigen. Da mittlerweile jeder weiß, wie aufregend Japan ist, muss man in unbekanntere Ecken vordringen. Die Kii-Halbinsel, die südlich der großen Metropolen Kyoto und Osaka liegt, bietet einiges von dem, wofür Japan berühmt ist: Es gibt Shintō-Schreine und buddhistische Tempel, großartige Landschaften und heiße Quellen, traditionelle Kultur und modernen Komfort – und das alles ohne Touristenrummel. Bisher zumindest ... Die Kii-Halbinsel wird immer bekannter – und zwar nicht nur, weil es so unfassbar einfach ist, hierher zu kommen.

KII-HALBINSEL, JAPAN

Bevölkerung: 953 924 (Präfektur Wakayama)
Größte Stadt: Wakayama
Sprache: Japanisch
Währung: Yen
Anreise: Kansai International Airport ist der nächstgelegene Flughafen mit Verbindungen von und nach Australien, Europa, Asien und zur Westküste der USA. Von Tokio und anderen Teilen Japans aus ist Osaka die nächste Stadt am Hochgeschwindigkeits-Netz.

WARUM HINFAHREN?

Zwei Hauptfaktoren zeichnen die Kii-Halbinsel als Reiseziel aus: die üppig-grünen Landschaften und ihre erstaunlich leichte Erreichbarkeit. Die Halbinsel ist einer der feuchtesten Orte nördlich der Tropen, die Bäume wachsen dicht und hoch, die Luft ist voller Nebel, Moos und Flechten verleihen allem eine Aura, die nicht von dieser Welt zu sein scheint. Kein Wunder, dass sie lange als einer der spirituellsten Orte Japans galt. Die Tempel und Schreine ziehen seit Jahrhunderten Pilger an, besonders der Kōya-san, ein Tempelkomplex tief in den Bergen, der im 9. Jh. gegründet wurde, und die hölzernen Schreine (ähnlich alt) entlang des Wanderwegs Kumano Kodō.

Dank einer ganzen Reihe cleverer Initiativen kommt man hier wesentlich leichter voran als in anderen ländlichen Gebieten Japans. Die Wanderwege werden fachmännisch gepflegt und sind komplett auf Englisch ausgeschildert. De-

„Ich mag den Kogumodorigoe-Teil des Kumano Kodō. Hier sind nur wenige Menschen, das heißt, man hört wirklich die Vögel singen und auch das Geräusch der eigenen Schritte."

Yamamoto Naoya, Besitzer des Gasthaues Blue Sky am Kumano Kodō

REISEPLAN

Eine Woche auf der Kii-Halbinsel

- An moosbewachsenen Stupas vorbei zur **Oku-no-in** wandern, der heiligen Halle des Kōya-san, umschlossen von einem eindrucksvollen buddhistischen Friedhof.
- Bei **Takijiri-ōji**, dem ersten von fünf größeren Schreinen am Kumano Kodō und der Anfang der Wandertour, von der irdischen Welt in die spirituelle Welt übertreten.
- Den ganz aus dem Zedernholz der Region gebauten und sehr sparsam verzierten Kumano Hongū Taisha in **Hongū** bewundern, ein fantastisches Beispiel traditioneller Schrein-Architektur.
- Im **Yunomine Onsen**, eine der ältesten heißen Quellen Japans, die müden Beine erfrischen.
- Die Pilgerreise ganz traditionell beenden: Mit einer Fahrt in einem Ruderboot den Kumanogawa hinunter bis nach **Shingū**.

taillierte Reiserouten, Karten und Busfahrpläne sind online auf Englisch verfügbar. Außerdem kann man sein Gepäck vorausschicken.

NICHT VERPASSEN

- Eine Nacht in einem *shukubō*, eine Unterkunft in buddhistischen Tempeln. In Kōya-san gibt's Dutzende, in denen man auf Futons (Matratzen) und Tatami (Reisstrohmatten) schläft und *shōjin-ryōri* isst, von Mönchen zubereitetes vegetarisches Essen. Der Ekō-in heißt ausländische Reisende gern willkommen, auch bei der Meditation.
- Den Kumano Kodō entlangwandern, eine von zwei Pilgerrouten auf der Unesco-Liste (der andere ist der Jakobsweg in Spanien). Auf dem Weg kann man einen Tag oder eine Woche verbringen und unter dem Dach der Bäume den mehr als tausend Jahre alten Spuren anderer folgen, die dort nach Erleuchtung gesucht haben.

BESTE REISEZEIT

Frühling und Herbst sind die beste Zeit für den Besuch. Die Regen- (Juni bis Mitte Juli) und die Taifun-Zeit (September) erwischen die Kii-Halbinsel oft schwer und sollten gemieden werden. Im Sommer ist es hier kühler als im Rest von Japan, aber im August gibt's oft ein paar heiße Tage (und meistens größere Menschenmengen).

• Von Rebecca Milner

© WAKAYAMA TOURISM FEDERATION

In Japans Kii-Region haben jahrhundertealte Feste und Bräuche immer noch Bestand

06
BEST IN TRAVEL 2018

TOP 10 REGIONEN

LIPARISCHE INSELN, ITALIEN

Die Liparischen Inseln liegen malerisch im Tyrrhenischen Meer, nur einen Steinwurf von Italiens Stiefelspitze entfernt. Sie locken Besucher mit üppigen Vulkanhängen, schwarzen Sandstränden, Küstenwanderwegen und Tauchspots, von denen einige zu den besten in Europa gehören. Bisher sind die großen Touristenströme noch ausgeblieben, doch langsam spricht sich herum, dass es hier Mittelmeer zu einem guten Preis-Leistungs-Verhältnis gibt. Selbst Alicudi – das entlegenste Inselchen – empfängt immer mehr Wandertouristen und 2018 könnte das letzte Jahr sein, um den Massen noch zuvorzukommen!

MATT MUNRO © LONELY PLANET

Der Blick auf die Westküste von Lipari und hinüber zu Vulcano

06

Bevölkerung: 17 000
Größte Stadt: Lipari
Sprache: Italienisch
Währung: Euro
Anreise: Fähren und Tragflächenboote verbinden die Liparischen Inseln regelmäßig mit den sizilianischen Häfen Milazzo und Messina.

WARUM HINFAHREN?

Schon lange suchen – und finden – sonnenhungrige Italiener auf den Liparischen Inseln das *dolce far niente* (das süße Nichtstun). Nun entdecken auch andere Leute den Charme des gemächlichen Tempos in der Nebensaison. Fantastische Wanderwege überziehen die Inseln des gesamten Archipels – von entspannten Spaziergängen an der Küste bis zu atemberaubenden Touren zu den aktiven Vulkanen Stromboli und Vulcano. Salina und Panarea ganz in der Nähe locken mit ihren Weingütern und familienbetriebenen Boutique-Hotels ein anspruchsvolles Publikum an. Die abgelegenste Insel Alicudi ganz am Ende der Fährlinie, wo die Esel vom Hafen über steile Pfade an Lehmhäusern und Weinranken vorbei zum schlafenden Krater klettern, ist der Traum eines jeden Eremiten. Zu neuem Leben erwacht die Geschichte der Liparischen Inseln in den Ruinen aus der Bronzezeit in Filicudi, in den Theatermasken oder in den aus Schiffen geborgenen Schätzen der griechisch-römischen Zeit, die im Archäologischen Museum ausgestellt sind. Auch die Küche der Insel ist sagenhaft gut: Probieren sollte man Pasta mit Schwertfisch, Kapern, Fenchel und Minze oder die cremig-knusprigen *cannoli*, die im Schaufenster einer jeden *pasticceria* warten.

NICHT VERPASSEN

- Der Sonnenaufgang auf dem Stromboli, dem charismatischsten Vulkan der Liparischen Inseln, ist unvergleichlich. In nur zwei Stunden ist man oben beim feuerspuckenden Krater, das

„Der Lavagrat Pizzo dell'Osservatorio, der auf Vulcano herabschaut, mit den Silhouetten von Silicudi und Alicudi bei Sonnenuntergang, ist mein magischer Ort. Ich sitze da bei Nachteinbruch und vergesse die Zeit."

Marcello Giacomantonio, Besitzer von B&B Al Salvatore di Lipari

Obwohl nur knapp 10 000 Leute ständig hier wohnen, ist Lipari der Dreh- und Angelpunkt der Inseln

© SHUTTERSTOCK

Tyrrhenische Meer glitzert 900 m darunter.

- Am Kieselstrand Spiaggia Valle I Muria unter Liparis Klippen im Westen ist jeder Tag unvergesslich. Sonnenbaden, Drinks nippen in Barnis Strandhöhlenbar und in der Dämmerung nach Hause segeln, mit dem Vulkan am Horizont.
- *Granita* (geschabtes Eis) mit Zitronen-, Kaffee- oder Pistaziengeschmack und Sahne bei Alfredo am Hafen (der Insel Salina).

BESTE REISEZEIT

Die Liparischen Inseln sind zu Beginn und gegen Ende der Sommer-Hochsaison am schönsten. Von Mai bis Juni kann man fantastisch wandern, die Tage sind lang, meistens sonnig und die Wildblumen blühen. Im September ist das Wetter immer noch warm und ideal zum Schwimmen, ohne den Ansturm, den die Inseln im August erleben.

• Von Gregor Clark

REISEPLAN

Eine Woche auf den Liparischen Inseln

- Erst mal an das Inselleben gewöhnen, am besten in der Hauptstadt **Lipari**, wo vor dem Hintergrund der alten Zitadelle schmale Gassen zu malerischen Hafencafés führen.
- Für therapeutische Schlammbäder und eine ordentliche einstündige Klettertour auf **Vulcano** übersetzen, dann hinauf bis zum glühenden Krater wandern.
- **Salina** besuchen, wo man regionalen Malvasia-Wein trinken und zwischen steilen Klippen schwimmen kann, danach durch Weinberge zu grünen Gipfeln aufsteigen.
- Sein Herz an den **Stromboli** verlieren, den hyperaktiven Vulkan, der seit der Antike beinahe ständig Feuer spuckt.
- Zum Abschluss die wundervoll verschlafenen und oft vergessenen äußeren Inseln **Filicudi** und **Alicudi** besuchen.

07

Eiserne Balkongeländer sind typisch für die Royal Street in New Orleans' Französischem Viertel

07 BEST IN TRAVEL 2018

MASSIMO BORCHI © 4CORNERS IMAGES

TOP 10 REGIONEN

THE DEEP SOUTH, USA

2018 ist Martin Luther Kings Ermordung in Memphis 50 Jahre her, und anlässlich dieses Jahrestags werden gleich mehrere Sehenswürdigkeiten zur Bürgerrechtsbewegung eröffnet. Zuallererst das Memorial to Peace and Justice in Montgomery, eine beeindruckende Gedenkstätte, die den 4000 dokumentierten Opfern der Lynchjustiz gewidmet ist. Kings Geburtshaus in Atlanta wird restauriert und das Motel, in dem er ermordet wurde – das heute das National Civil Rights Museum beherbergt – wird das ganze Jahr über Poetry Slams, Konzerte und Events veranstalten. Außerdem feiert New Orleans seinen 300. Geburtstag – das ganze Jahr hindurch und mit verschiedensten Events.

Bevölkerung: 34,5 Mio.
Größte Stadt: Atlanta
Sprache: Englisch
Währung: US-Dollar
Anreise: Atlantas Hartsfield-Jackson International ist der größte Airport der Region (und der ganzen USA). Im Flughafen von New Orleans ist ebenfalls immer viel Betrieb, 2018 eröffnet ein neues erweitertes Terminal. Der Highway 61 – der berühmte Blues Highway – führt Richtung Süden durch Memphis und immer in der Nähe des Mississippi weiter nach New Orleans.

WARUM HINFAHREN?

Mit den Südstaaten verbindet man viele Bilder: Die Herrenhäuser von Georgia mit ihren weitläufigen Veranden und das lange, flache Land der verlassenen Baumwollfelder im Mississippi-Delta. Die Moosbärte an den Zypressen und die Alligatoren, die in Louisianas Bayous schwimmen. Der Rauch des Barbecues, der in Alabama aus einer Bretterbude weht, wo Schweinerippchen und Lemon Icebox Pie eine echte Offenbarung sind.

„Ich liebe es, hier zu leben, denn jeder Zydeco-Akkordeon-Klang, jeder perfekte Pekannusskuchen, jedes nie endende Gespräch in einer Sommernacht erinnert mich daran, wer ich bin und womit ich untrennbar verbunden bin."
Michael Tisserand, Einwohner von New Orleans

JOE DANIEL PRICE © GETTY IMAGES

Louisianamoos hängt auf Bäumen in Savannah, Georgia

07
BEST IN TRAVEL 2018

REISEPLAN
Zwei Wochen im Deep South

- Barbecue essen, in Graceland Elvis Respekt zollen und sich in **Memphis** das National Civil Rights Museum ansehen.
- Den Baumwollfeldern bis nach Clarksdale, Mississippi, folgen, der besten Stadt für fantastische Bands und die Geschichte des Blues.
- Dixieland-Jazz hören, den Rat einer Voodoo-Priesterin einholen und scharfes Gumbo in **New Orleans** löffeln.
- In aller Ruhe **Montgomery** ansehen, die verschlafene Hauptstadt von Alabama, und das Rosa Parks Museum besichtigen sowie ein neues Museum für die Opfer der Lynchjustiz und andere Mahnmale sozialer Gerechtigkeit.
- Im gesitteten **Atlanta** die Küche des New South genießen, Cocktails schlürfen, Kunst betrachten und in MLKs Spuren wandeln.

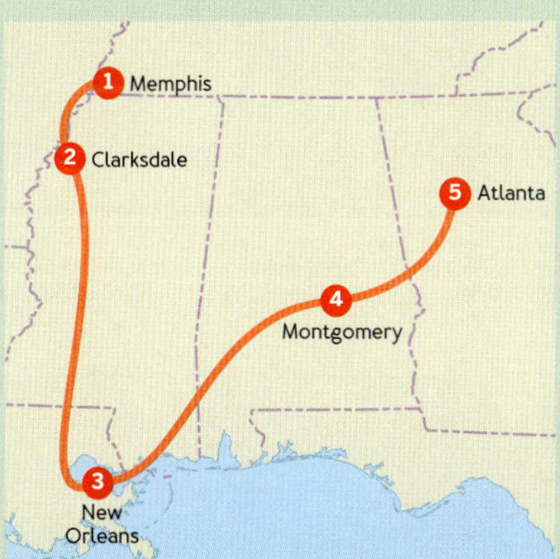

Man denkt bei den Südstaaten aber auch an Sklaverei und an die Bürgerrechtsbewegung. Das National Civil Rights Museum im ehemaligen Lorraine Motel erzählt diesen Teil der Geschichte. Im Zimmer 306 stehen noch leere Teller und die Betten sind ungemacht, so wie es war, als Dr. Martin Luther King auf den Balkon trat und ermordet wurde – schockierend, aber auch erhellend.

NICHT VERPASSEN

- *Fried chicken* und *turnip greens* (Rübenstielmus), *biskuits* mit Butter und *peach cobbler* (Pfirsich-Kuchen) – in New Orleans, Atlanta und Charleston sind es die Spezialitäten. Zu jedem kleinen Diner gibt es sie direkt aus der Pfanne mit richtig viel Soße.
- Vielleicht will man Samstagnacht in einem Blues-Schuppen oder in einer Zydeco Dance Hall einfach dasitzen und der Band auf der Bühne zuhören, aber dann entfalten die großzügigen 1 l-Biere und die blinkenden Lichterketten ihre Wirkung und plötzlich schwitzt man wie alle anderen auf der Tanzfläche. Am besten im Mississippi-Delta und in Louisianas Cajun Country.

BESTE REISEZEIT

April und Mai, wenn Jasmin und Gardenien blühen, sind warm und üppig. Der schwülwarme Sommer ist oft recht unangenehm. Im milden Winter gibt's keine Touristenmassen. Mardi Gras, das Highglight der Region, beginnt am 13. Februar. Um den 16. August herum bringt die Elvis Week zum Todestag seine Fans nach Memphis.

• Von Karla Zimmerman

CHRIS MOORE - EXPLORING LIGHT PHOTOGRAPHY ©GETTY IMAGES

Kurz vor Sonnenaufgang spiegeln sich die wunderschönen Farben alter Zypressen im ruhigen Wasser der Sümpfe

08
BEST IN TRAVEL 2018

TOP 10 REGIONEN

LAHAUL & SPITI, INDIEN

Wer hohe Berge, holprige Straßen und spirituelle Landschaften mag, wird die Täler östlich und westlich von Keylong lieben – eine knochentrockene Region im Regenschatten des Himalaya. Im ockerfarbenen Ödland von Spiti verbirgt sich Indiens spektakulärste buddhistische Kunst, im feuchteren Lahaul warten selten besuchte Tempel und eine Straße nach Kaschmir, die als eine der gefährlichsten Routen der Welt gilt. Viele übersehen die wilde und wundervolle Gegend, weil sie schnell nach Ladakh wollen, aber jetzt bekommt sie endlich die verdiente Aufmerksamkeit. Am besten fährt man jetzt hin, bevor es nur ein weiterer Halt auf dem „Apple-Pie"-Trail imHimalaya wird.

CHRISTOPHER ROCHE / DESIGN PICS © GETTY IMAGES

Dhankar Gompa, ein buddhistischer Tempel, thront auf einer Höhe von 3984 Metern über dem Spitital-

08

LAHAUL & SPITI, INDIA

Bevölkerung: 31 528
Hauptstadt: Kaza
Sprachen: Hindi, Lahuli-Spiti
Währung: Rupie
Anreise: Nach Lahaul und Spiti kommt man nur auf dem Landweg, entweder aus dem Norden aus Manali, aus Süden aus Ladakh, oder von Kinnaur aus dem Westen. Bhuntar, Leh und Shimla sind die nächsten Flughäfen. Die Bergpässe werden normalerweise von Mai bis November geöffnet.

WARUM HINFAHREN?

Auf der Karte sehen Lahaul und Spiti aus, als wäre es einfach, einen kleinen Abstecher von der Straße nach Ladakh aus zu machen – aber in diesem unwegsamen Terrain ist jede Reise eine Expedition. Der Trip nach Spiti erfordert eine (wortwörtlich) atemberaubende Klettertour über den 4551 m hohen Kunzum La, bevor man dann in das ausgedörrte Tal des Spiti-Flusses stolpern kann. Erstaunlicherweise gibt's kleine Oasen in diesem trockenen Tal: vereinzelte Obstgärten mit Apfelbäumen, einsame buddhistische Klöster und winzige weißgekalkte Häuschen, an denen Feuerholz für einen langen Winter bis zum Dach aufgestapelt ist.

Weiter Richtung Westen wird die Ödnis zu grünen Tälern mit Hindu-Tempeln. Wer seinen Todesmut auf die Probe stellen will, macht sich auf nach Kishtwar im Süden Kaschmirs, auf einer Straße, die nur so eine Art Kerbe an blanken Felswänden ist. Es wird Momente geben, in denen man sich fragt, ob man nicht doch lieber auf einen Latte und eine Massage nach Leh hätte fahren sollen – aber dann sieht man diese unfassbare Landschaft und lächelt bei dem Gedanken, wie wenige andere Reisende das jetzt gerade sehen … zumindest jetzt noch.

REISEPLAN

Eine Woche in Lahaul & Spiti

- Auf den ersten Blick sieht **Tabo Gompa** in Spiti aus wie eine Ansammlung geometrischer Lehmziegel, doch drinnen verbirgt sich komplexe, elegante buddhistische Kunst.
- Die schwindelerregenden Aussichten über das Tal des Spiti sind fast noch beeindruckender als die Bauten des uralten Klosters **Dhankar Gompa**, die abenteuerlich an einer Felswand im Pin-Tal hängen.
- **Ki Gompa**, das größte buddhistische Kloster von Spiti, erhebt sich wie eine Festung aus den Tal-Auen nördlich von Kaza.
- In dem rustikalen **Markula-Devi-Tempel** in Lahaul versteckt sich ein weiterer Schatz religiöser Kunst: antike Holzfriese, auf denen Szenen aus dem *Ramayana* und *Mahabharata* zu sehen sind.

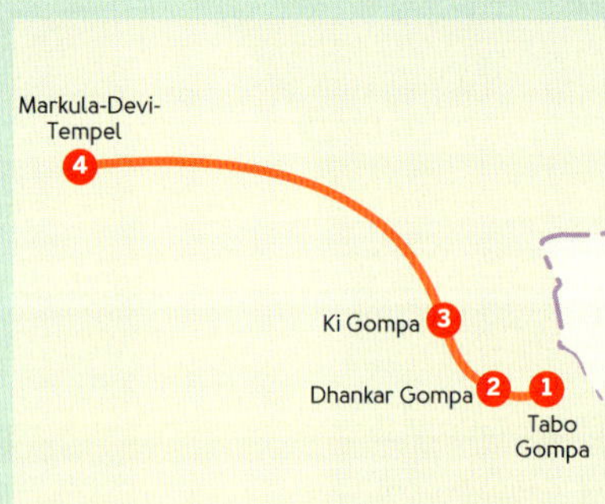

MARKUS GEBAUER PHOTOGRAPHY © GETTY IMAGES

Die Klänge traditioneller Instrumente hallen durch die Berge von Himachal Pradesh

NICHT VERPASSEN

- Die Landschaft hier ist beinahe monochrom, aber auf den Wandgemälden in den Kapellen von Tabo, einem der ältesten Klöster im indischen Himalaya, explodieren die Farben.
- Mit den freundlichen Novizen im Ki Gompa salzigen Tee mit Butter trinken und sich dann zurücklehnen, um der Morgen-*puja* zu lauschen, einer fröhlichen Kakophonie aus gemurmelten *sutras* (heiligen Schriften), dröhnenden Hörnern und scheppernden Gongs.
- Die knochen- und markerschütternde Straße zwischen Keylong und Kishtwar befahren, die der Schwerkraft trotzend in den Fels des Himalaya gehauen wurde. Wer traut sich auf eine der gefährlichsten Straßen der Welt?

„Die Fahrt mit dem Motorrad von der Rohtang La nach Kunzum La ist wohl eine der besten Abenteuerstrecken der Welt. Die Route ist voller Steine und kaum mehr als ein Wanderweg!"

Amar Bodh, Motorradtouren-Veranstalter Dusty Trails Adventure

BESTE REISEZEIT

Das Wetter bestimmt die Reisezeit nach Lahaul und Spiti. Die Rohtang La (zwischen Keylong und Manali) und die Taglang La (zwischen Keylong und Leh) sind im Winter von November bis April meistens vereist. Schnee macht die Kunzum La oft unpassierbar und trennt Lahaul und Spiti zwischen Oktober und Anfang Juni voneinander.

• Von Joe Bindloss

Wundervoll einsam liegt das Ki Gompa, Spitis größtes buddhistisches Kloster, in einer Talaue nördlich von Kaza

ARUN BHAT / ARUNCHS © 500PX PHOTO

Das hübsche Salvador in Bahia, eine portugiesische Kolonialstadt, ist Brasiliens drittbevölkerungsreichste Stadt mit 3 Mio. Einwohnern

JEILSON © GETTY IMAGES

TOP 10 REGIONEN

BAHIA, BRASILIEN

Bahia hatte schon immer diesen ganz gewissen Wow-Faktor, verbindet man es doch zu allererst mit Capoeira, Karneval und afrobrasilianischem Erbe. Auch Naturschönheiten hat das tropische Paradies an der Nordostküste Brasiliens einige zu bieten: weiße Sandstrände, klares Wasser, Inseln inmitten von Korallenriffen, Kakao-Plantagen und den Parque Nacional Chapada Diamantina mit den berühmten wilden Wasserfällen. Seit die Hauptstadt Salvador 2014 Austragungsort der Fußball-Weltmeisterschaft war, ist die Region touristisch noch attraktiver, da leichter zu erreichen. Noch nie war es so einfach, sich die Geburtsstätte der afrobrasilianischen Kultur anzusehen!

Bevölkerung: 15,2 Mio.
Hauptstadt: Salvador
Sprache: Portugisisch
Währung: Real
Anreise:
Die meisten kommen über den internationalen Flughafen in Salvador nach Bahia, aber es gibt auch Flüge zu den kleineren Flughäfen in Ilhéus oder Porto Seguro. Viele Küstenorte sind mit Bussen gut erreichbar.

Capoeira in Trancoso, ein Stadtteil von Porto Seguro in Brasilien

MELBA PHOTO AGENCY © ALAMY STOCK PHOTO

WARUM HINFAHREN?

Die Brasilianer nennen Bahia *Terra da Felicidade* (Land der Glückseligkeit). Hier ist das Wasser warm genug, um das ganze Jahr darin zu schwimmen. Vermutlich nirgendwo sonst auf der Welt findet man eine so ausgeprägte, nur in dieser Region anzutreffende Kultur, entstanden aus einem jahrhundertealten Clash zwischen kolonialen portugiesischen Siedlern, einheimischen Brasilianern und Afrikanern, die als Sklaven nach Salvador verschleppt wurden. Das Ergebnis ist eine faszinierende Mischung in den Baustilen, den kulinarischen Gebräuchen und in den künstlerischen Traditionen. Dazu passt auch, dass in Bahia angeblich die besten Partys gefeiert werden und einige der wildesten Festivals hier stattfinden. Und das in einem Land, das für seine Lust am Feiern berühmt ist, ganz

„Die afrobrasilianische Kultur ist besonders in Salvador sehr präsent. Capoeira und Candomblé sind die Hauptausdrucksformen. Und man kann sie nirgendwo anders in ihrer ganzen Größe so erfahren wie hier."

Jaqueline Oliveira, Choreografin, Malerin, Aktivistin, Einwohnerin von Salvador

gleich, ob es um den Karneval geht, ob einem Schutzheiligen an seinem Gedenktag gehuldigt oder eine *orisha* (Gottheit) bei einer Candomblé-Zeremonie geehrt wird. Glücklicherweise sind die Einheimischen sehr offen, und jeder ist willkommen und kann auf der Straße mittanzen oder am Strand mitfeiern.

NICHT VERPASSEN

- Unbedingt probieren: *moqueca*, ein klassisches bahianisches Gericht aus frischen Krustentieren, Kokosmilch, Tomaten, Zwiebeln und *dendê*-Öl, einem afrikanischen Palmöl, das jetzt in der Region produziert wird. Schmeckt gut zum Caipirinha, dem nationalen Cocktail.
- Bei einer Capoeira-Performance verschmelzen Tanz und Kampfsport. Entwickelt wurde es von afrikanischen Sklaven, die so ganz heimlich Selbstverteidigung üben konnten, ohne die Aufmerksamkeit ihrer Unterdrücker auf sich zu ziehen. Heute lässt sich die anmutige Artistik der Capoeiristas auf öffentlichen Plätzen bestaunen oder in einer Capoeira-Schule in Pelourinho, dem historischen Zentrum von Salvador.

BESTE REISEZEIT

Karneval ist *das* Event schlechthin in Bahia, die größten Feiern steigen in Salvador. 2018 beginnt die Party am 8. Februar und endet am 13. Februar. Eine gute Zeit für einen Besuch, aber unbedingt im Voraus planen: Die Preise gehen durch die Decke und viele *pousadas* (Gasthäuser) sind bereits Monate im Voraus komplett ausgebucht.

• Von Bridget Gleeson

REISEPLAN

Zwei Wochen in Bahia

- Bahias zauberhafte Hauptstadt **Salvador** ist eine gute Einführung in die afrobrasilianische Kultur und Küche.
- Von Salvador aus eine zweistündige Bootstour zur idyllischen Insel **Morro de São Paulo** und zur ruhigeren Schwester Ilha de Boipeba machen.
- Weit weg von den Touristenströmen auf der **Península de Maraú** einige der besten Strände von Brasilien entdecken.
- Im beliebten **Itacaré** kann man gut surfen – und es ist ein guter Ausgangspunkt zu den Stränden von Bahias Kakao-Küste.
- Einen Ausflug nach **Arraial d'Ajuda** machen, einem fantastischen Strand, der vom verschlafenen Trancoso genauso gut zu erreichen ist wie vom partyhungrigen Porto Seguro.

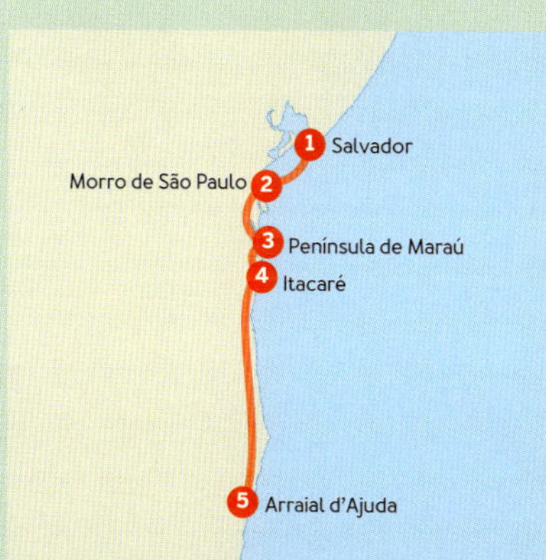

Menschen auf den Straßen in Pelourinho, dem berühmten historischen Zentrum von Salvador, Bahia in Brasilien

© SHUTTERSTOCK

LOS-HAITISES-NATIONALPARK, DOMINIKANISCHE REPUBLIK

Ganz unten im südlichsten Zipfel der Samaná Bay liegt der Parque Nacional Los Haitises, ein 1375 m^2 großer Flickenteppich aus zerklüfteten kleinen Inseln, tiefblauen Kanälen und sattgrünen Wäldern, ein Ökosystem wie aus der Urzeit. Wer tiefer in den Park vordringt, landet mitten in der Kulturgeschichte der Dominikanischen Republik: Mehrere Höhlen sind mit Taíno-Piktogrammen bedeckt. Los Haitises ist nicht gerade ein wohlgehütetes Geheimnis – die Besucherzahlen steigen und es sind mehrere große Hotelprojekte in Planung –, also am besten schnell noch auf ins Abenteuer, bevor die Touristenhorden kommen.

GUEHOLL © GETTY IMAGES

Ein grünes Juwel im Norden der Dominikanischen Republik – seit 1976 ist Los Haitises ein Nationalpark

10

Bevölkerung: 110 Vogelarten, 700 Pflanzenarten
Größte Städte: Zugang aus Sabana de la Mar und Las Terrenas
Sprache: Spanisch
Währung: Dominikanischer Peso
Anreise: Die meisten Besucher landen auf dem Hauptflughafen der Dominikanischen Republik, der östlich von Santo Domingo liegt, und kommen dann über Sabana de la Mar oder mit einer Bootstour von der Halbinsel Samaná aus in den Nationalpark. Allerdings verkehren auch ein paar Flüge zum El Catey International Airport, der zwischen Nagua und Sánchez liegt.

WARUM HINFAHREN?

Vom offenen Meer der Samaná-Bucht blickt man auf die grüne Hügelkette des Los-Haitises-Nationalparks – *los haitises* bedeutet „Hochland" in der Sprache der Taíno. Gleich beim Eintritt in den Irrgarten von Los Haitises fühlt man sich wie ein Entdecker in unerforschtem Gebiet: Nur das Boot auf dem Wasser ist zu hören und die vielen geflügelten Begleiter über einem.

Doch das wirklich Einmalige an Los Haitises sind die Kalksteinhöhlen, vom Wasser erodiert und dank Meersalz gestreift. Durch das „Boca del Tiburón" (Haimaul) einfahren und dann zur Küste, um die Höhlen zu erkunden, in denen einst die Zeremonien der Taíno stattfanden. In diesen Höhlen – unter anderem La Cueva de San Gabriel und Las Cuevas de la Arena – sind die Wandmalereien von Tieren, Gottheiten, Medizinmännern und sogar dem spanischen Kreuz gut erhalten.

NICHT VERPASSEN

- Auf Wasserwegen mit einem Motorboot unterwegs sein und die unberührte Natur genießen. Entspannter geht's zu bei einer Kajaktour über kleinere Zuflüsse und durch

REISEPLAN

Fünf Tage rund um Los Haitises

- Mojitos im **El Mosquito** trinken, der coolsten neuen Bar in Las Terrenas.
- Auf einem Pferd zum **Cascada El Limón** reiten, einem der Bilderbuch-Wasserfälle in der Dominikanischen Republik.
- Nach Las Galeras übersetzen, um die **Playa Rincón** zu bewundern, einen der besten Strände im Norden der Dominikanischen Republik.
- Von Samaná aus zur juwelengleichen Insel **Cayo Levantado** fahren und am Strand entspannen.
- Den ganzen Tag in den himmelblauen Kanälen des **Los-Haitises-Nationalparks** verbringen und die einmalige Landschaft bestaunen.

Mangroven-Wälder – oder man lässt sich bei Sonnenuntergang im offenen Wasser treiben, um so viele Vögel wie möglich zu sehen.

- In der beeindruckenden Eco-Lodge Paraíso Caño Hondo westlich von Sabana de la Mar einchecken. Sie ist eine gute Basis für Erkundungen und bietet mehrere geführte Touren an. Als Bonus fließt der Río Jivales durch das Gelände und bildet diverse Teiche, in denen man nach einem abenteuerlichen Tag gut abschalten kann.

BESTE REISEZEIT

In der Regenzeit gibt's reichlich Niederschläge. Von Dezember bis April ist die Region am trockensten. Das gute Wetter kommt mit einem zusätzlichen Bonus: Buckelwale schauen von Januar bis März gern in Samaná vorbei, also kann man vielleicht einen (oder zwei!) der freundlichen Riesen sehen.

- Von Bailey Freeman

„Hier gibt es einmalige Landschaften mit einer immensen Artenvielfalt: Höhlen, Berge, Mangroven und Lagunen. Wirklich ein kleines Weltwunder."

Silvia Clerici, regionale Reiseveranstalterin

REINHARD DIRSCHERL © ALAMY STOCK PHOTO

Pelikane teilen sich den Park mit Papageien, Eulen, Prachtfregattvögeln und vielen anderen Federtieren

LONELY PLANETs

TOP 10 STÄDTE

Sevilla, Spanien / Detroit, USA / Canberra, Australien / Hamburg, Deutschland
Kaohsiung, Taiwan / Antwerpen, Belgien / Matera, Italien / San Juan, Puerto
Rico / Guanajuato, Mexiko / Oslo, Norwegen

01

Der Blick auf die Altstadt von Sevilla, Andalusiens berauschende Hauptstadt

MARCO SQUILLINO / MARCOSQUILLINO © 500PX PHOTO

01
BEST IN TRAVEL 2018

TOP 10 STÄDTE

SEVILLA, SPANIEN

In den letzten zehn Jahren hat sich Sevilla stark gewandelt. Einst eine verkehrsgeplagte Metropole, die sich auf ihren historischen Lorbeeren ausruhte, ist sie inzwischen zu einer Fahrradstadt aufgeblüht und eifrig dabei, die künstlerische Vergangenheit wieder neu zu beleben. Ihre Sehenswürdigkeiten präsentierte sie einem Millionenpublikum in der Serie *Game of Thrones* und 2018 wird die Hauptstadt Andalusiens Gastgeber des 31. Europäischen Filmpreises. Neben ihrer anhaltenden künstlerischen Renaissance feiert Sevilla gerade den 400. Geburtstag des Barockmalers Esteban Murillo mit einem halben Dutzend außergewöhnlicher Ausstellungen, die bis 2018 andauern werden.

Bevölkerung: 690 000
Sprache: Spanisch
Währung: Euro
Anreise: Sevillas internationaler Flughafen ist 10 km vom Stadtzentrum entfernt und bietet täglich Flüge in europäische Städte wie London, Paris, Frankfurt und Amsterdam. Außerdem fahren regelmäßig Hochgeschwindigkeits-AVE-Züge nach Madrid (2½ Stunden).

WARUM HINFAHREN?

Sevilla ist eine Stadt mit Flair, angenehmen Gerüchen (duftende Orangenbäume) und voller Sehenswürdigkeiten. Dabei verändert sich ihre Stimmung ständig, von einer Atmosphäre feierlichen Ernstes während der Semana Santa (Karwoche) bis zur übersprudelnden Freude der Frühjahrs-Feria, einem riesigen sechstägigen Volksfest. Die Sevillaner leben leidenschaftlich: Flamencokünstler tanzen jede Vorstellung, als sei es ihre letzte und in den Opernaufführungen leiden heißblütige Heldinnen und skrupellose Figaros. Restaurants und Bars folgen den neuesten Gourmet- und Modetrends und bewahren doch alte Traditionen, indem sie wunderbare Tapas servieren. Nicht nur in der Restaurantszene, auch in der Architektur der Stadt mischen sich Tradition und Innovation. Im Stadtzentrum führen alle Straßen zu einer der größten Kathe-

„Ich liebe Sevilla wegen der Atmosphäre in ihren Straßen. Auf den Plätzen und in den Bars hängen immer Leute ab. Um das zu erleben, empfehle ich einen Besuch der Plaza del Salvador."

Pedro Arriola, Firmenchef, Pancho Tours

REISEPLAN

Zwei Tage in Sevilla

- Sevillas **Kathedrale**, eine der ältesten christlichen Kirchen der Welt, hat einen prachtvollen maurischen Glockenturm und ein reiches Dekor mit Kunst aus dem goldenen Zeitalter.
- Der maurisch inspirierte Burgkomplex **Alcázar** wurde lange Zeit von den christlichen Königen bewohnt, und erinnert mit seinen Säulenhöfen und üppigen Gärten an die Alhambra in Granada.
- Sevilla hat Dutzende Orte, um verschiedene Kunststile zu sehen, aber das epochenübergreifende **Museo de Bellas Artes**, das in einem alten Kloster liegt, zeigt die besten Werke.
- Der **Palacio de las Dueñas** (Wohnhaus der kürzlich verstorbenen Herzogin von Alba) ist seit 2016 für die Öffentlichkeit zugänglich und dient heute als Museum für alles Sevillanische.

dralen der Welt, einem gotischen Bauwerk im mittelalterlichen Viertel Santa Cruz, und ganz in der Nähe verkörpert der futuristische Metropol Parasol, ein riesiger Baldachin auf fünf pilzförmigen Säulen, die Moderne in der Stadt.

NICHT VERPASSEN

- Flamenco ist Andalusiens wichtigste darstellende Kunst. Die Kombination aus Gitarrenmusik und Tanz hat ihre Wurzeln teilweise in Sevilla, wo man jeden Abend die Wahl hat zwischen Bars, privaten Flamenco-Clubs und Eventlocations, die stark choreografierte Flamenco-Shows zeigen.
- Sevilla ist die Heimat einiger der innovativsten Tapasbars in Spanien, es gibt aber auch alte Klassiker wie El Rinconcillo, ein Restaurant, das sich als das älteste von ganz Spanien rühmt (es wurde 1670 eröffnet). Hochwertige Tapasbars mit Fusionküche sind auf der Calle Betis in Triana und der Alameda de Hércules zu finden.

BESTE REISEZEIT

Im Frühjahr erlebt man Sevilla von seiner schönsten Seite. Dann finden die zwei größten Feste Spaniens statt (Semana Santa und Feria de Abril), deren Termine sich nach Ostern richten. Die Hitze des Hochsommers meidet man am besten. Im September und Oktober sind die Temperaturen kühler und die Preise niedriger.

• Von Brendan Sainsbury

KEVIN HELLON © 500PX PHOTO

In Sevilla gibt's scheinbar endlos viele Möglichkeiten, bis tief in die Nacht *al fresco* zu dinieren

Die halbkreisförmigen Säulengänge der Plaza de Espana waren schon in vielen Filmen zu sehen, darunter *Krieg der Sterne* und *Lawrence von Arabien*

©SHUTTERSTOCK

02

BEST IN TRAVEL 2018

DETROIT, USA

Nach jahrzehntelanger Verwahrlosung geht es mit Detroit wieder etwas aufwärts – und mit den Bewohnern kehren auch die Touristen zurück. Junge Kreative haben der Szene einen Senkrechtstart verpasst, indem sie die riesigen verlassenen Gebäude in Brennereien, Fahrradläden und Galerien umwandelten. Investoren sorgten dafür, dass Detroit im Zentrum eine neue Hockey- und Basketball-Arena bekommt und die QLine-Straßenbahn dazu, die einen zu den Hotspots der Stadt bringt. Viele schicke neue Hotels und drei weitere Parks, durch die sich der Flusswanderweg verlängert, tragen ihren Teil dazu bei, dass Detroits Attraktivität einen Sprung nach vorne macht.

REESE LASSMAN / EYEEM © GETTY IMAGES

Die Art-Deco-Hochhäuser im Stadtzentrum von Detroit – eine Stadt, die sich nach Jahren des Niedergangs gerade wieder gefangen hat

02

Bevölkerung: 677 116 (Stadt; 4,3 Mio. Großraum Detroit)
Sprache: Englisch
Währung: US-Dollar
Anreise: Der Detroit Metro Airport ist einer der größten Flughäfen der USA und ein regionaler Verkehrsknotenpunkt mit Inlands- und internationalen Flügen. Amtrak-Züge fahren auch in die Stadt.

WARUM HINFAHREN?

Keine andere Stadt sieht aus wie Detroit. Im Zentrum reihen sich Art-Déco-Hochhäuser aneinander – Relikte aus der Blütezeit der Autoindustrie. Doch dann kam der Niedergang: Die Industrie geriet in die Krise und 60 % der Einwohner zogen weg. Sie hinterließen gespenstische Ruinen und ein Stadtbild, das an eine postapokalyptische Filmkulisse erinnert. Ein Gang durch die baufällige Innenstadt gehört trotzdem zu einem Besuch von Detroit unbedingt dazu.

Jetzt kämpft sich die Stadt zurück ins Leben, und die Energie ist überall zu spüren. Seien es die kreativen Köpfe, die ein altes Autohaus gekauft, provokative Kunst in die leere Halle gehängt und auf diese Art das MOCAD, das Museum of Contemporary Art Detroit, begründet haben; oder die Organisatoren von Slow Roll, die ein paar Freunde zu einer Fahrradtour zusammentrommelten, aus

„Detroit ist voller Träumer und Menschen, die Gemeinschaft schätzen. Kreativität und Innovation sind hier wichtiger als Geld oder Status.“

Mark Wallace, Einwohner und Geschäftsführer von Detroit RiverFront Conservancy

Dieses Wandbild in dem florierenden Geschäftsgebiet Eastern Market sagt eigentlich alles

PEETER VIISIMAA © GETTY IMAGES

REISEPLAN

Zwei Tage in Detroit

- Mit der QLine nach **Midtown**, um Kunstmuseen zu besichtigen sowie Jack Whites Plattenladen, angesagte Cafés und Brauereien zu besuchen.
- Eine Fahrradtour auf dem **Riverwalk**: Von den Hochhäusern im Stadtzentrum geht's zur hübschen Belle Isle, wo Kajaktouren, Wanderwege und ein Gewächshaus mit Glaskuppel warten.
- Wandgemälde am **Eastern Market** bewundern und am Wochenende nach Lebensmitteln und Kunsthandwerk stöbern. Bonus für Fahrradfahrer: Der von Graffiti übersäte Dequindre Cut Greenway führt vom Flussufer hierher.
- Die Zügel lockern für **Corktown**, das lebhafteste Stadtviertel Detroits. Bei Gold Cash Gold gepökeltes, frittiertes Hühnchen futtern und anschließend im Verkostungsraum der Brennerei Two James Spirits einen Tonic genießen.

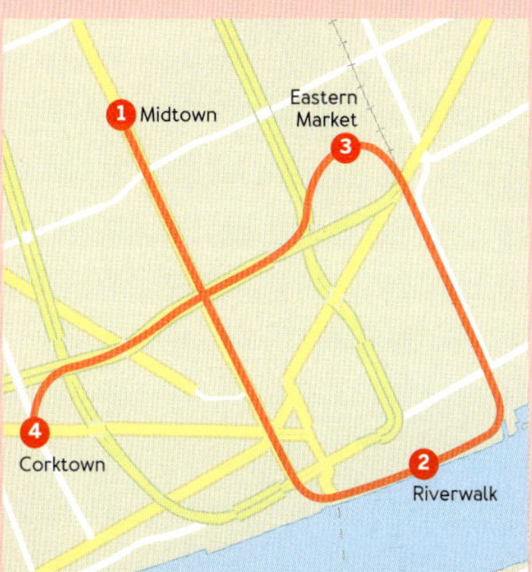

der sich ein Event entwickelt hat, bei dem jede Woche 4000 Hipster, Teenager und Familien aus den Vororten zusammen Radtouren machen. Baufällige Gebäude sind heute mit Wandbildern bemalt, auf unbebauten Grundstücken werden Stadtgärten gegründet, und es gibt zahlreiche innovative Restaurants. Diese Stadt lässt sich nicht unterkriegen!

NICHT VERPASSEN

- *Detroit Industry* heißt das aus 27 zum Teil riesigen Wandgemälden bestehende Werk im *Detroit Institute of Arts*, eine Arbeit des mexikanischen Malers Diego Rivera. Sein Thema sind die Arbeiter im Detroiter Automobilwerk von Ford. Außerdem beherbergt die Sammlung moderne Kunst, u.a. von Picasso, sowie Rüstungen.
- Im *Henry Ford Museum* ermöglichen die gesammelten Americana-Schätze des Industriellen einen Rundgang durch die Geschichte: Hier sieht man u. a. den Stuhl, in dem Lincoln erschossen wurde, und den Bus, in dem Rosa Parks ihren Sitzplatz nicht aufgeben wollte. Das Museum liegt im Detroiter Vorort Dearborn.

BESTE REISEZEIT

Detroit hat kalte Winter, in denen viele Open-Air-Einrichtungen schließen. Am besten besucht man die Stadt bei wärmerem Wetter. Die beliebte Fahrradtour Slow Roll findet jeden Montag von Mai bis Oktober statt. Das Movement Electronic Music Festival, das weltgrößte seiner Art, steigt am letzten Maiwochenende.

• Von Karla Zimmerman

Canberras National Museum of Australia liegt am Ufer des Lake Burley Griffin

© NATIONAL MUSEUM OF AUSTRALIA / VISITCANBERRA

TOP 10 STÄDTE

CANBERRA, AUSTRALIEN

Das viel zu wenig beachtete Canberra ist klein, hat aber unglaublich viel zu bieten. Hier gibt es an fast jeder Ecke Nationalschätze, und überall in der Stadt warten schicke Viertel mit einem großen Angebot an Geschäften, Gastronomie und Kultur. 2018 wird in Canberras schönem Manuka-Oval-Stadion erstmals ein Test-Cricket-Spiel ausgerichtet. Später steht das Australian War Memorial im Mittelpunkt, zur Feier des 100. Jahrestags des Waffenstillstands im Ersten Weltkrieg. Ab 2018 wird Canberra dem Feiertagskalender Australiens einen weiteren hinzufügen: den Wiederversöhnungstag, an dem indigene und nicht-indigene Australier sich ihrer gegenseitigen Achtung versichern.

Bevölkerung: 390 000
Sprache: Englisch
Währung: Australischer Dollar
Anreise: Man kann über Singapur direkt nach Canberra fliegen oder von den meisten Landeshauptstädten Australiens mit einem Inlandsflug anreisen. Die Autofahrt von Sydney dauert etwa drei Stunden.

WARUM HINFAHREN?

Wer Canberra besucht, lernt Australiens Seele kennen. In der Australian National Gallery, der National Library und am Australian War Memorial gibt's eine riesige Auswahl an Schätzen zu entdecken. Neben den prachtvollen Baudenkmälern und Galerien ist auch das National Arboretum sehr sehenswert – der 250 ha große Park, der von Wander- und Fahrradwegen durchzogen ist, umfasst 94 (!) Wälder, in denen seltene und gefährdete australische Tiere leben. Im Arboretum befindet sich auch einer der skurrilsten Spielplätze Australiens, mit Spielhäusern, die wie übergroße Eicheln und Banksia-Zapfen geformt sind.

Die neu belebten Stadtviertel New Acton und Braddon demonstrieren den Aufschwung Canberras am besten. Das herrlich dekorierte Hotel Hotel in New Acton ist der Inbegriff des neuen Stils der Hauptstadt: Es wurde aus Holz und recycelten Materialien erbaut, die Erinnerungen an die australische Natur wachrufen. In New Acton befindet sich auch das Restaurant A. Baker, dessen fünfgängige Menüs „Just Feed Me" und „Just Wine Me" eine perfekte Auswahl an regionalen Produkten und Weinen bieten. Und auf der Lonsdale Street im schicken Braddon gibt's eine großartige Mischung an Pop-up-Stores und lebhaften Cafés zu erkunden.

REISEPLAN

Drei Tage in Canberra

- Frühstück bei **The Cupping Room**, das Kaffee aus der größten Spezialitäten-Kaffeerösterei Canberras serviert.
- Vor dem Besuch der Nationalgalerien und Museen ein Fahrrad mieten, nach **Parkes** radeln und unterwegs den herrlichen Ausblick auf den Lake Burley Griffin genießen.
- Bei **Canberra Glassworks** vorbeischauen, wo vor den Augen der Besucher moderne Glaskunst hergestellt wird.
- Im **Parliament House** (täglich geöffnet) die Politiker in Aktion sehen.
- Eine Exkursion mit **Canberra Winery Tours** machen und das preisgekrönte Lerida Estate besuchen oder im urigen Weingut Murrumbateman bei der Flaschenabfüllung zusehen.

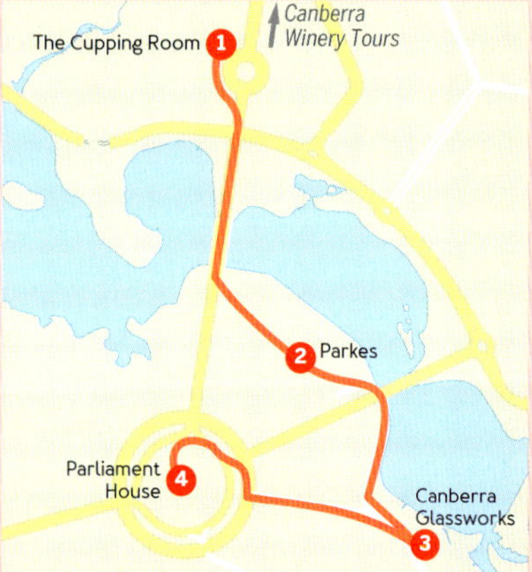

„Canberra vereint das Beste von Stadt und Land. Wir leben nicht weit vom Busch und verfügen über eine eindrucksvolle Restaurant- und Weinszene und eine experimentelle Kunstszene. Hier ist immer was los … man muss nur suchen.“ *Nicole Short, General Manager, Hotel Hotel*

RICHARD GUNN © GETTY IMAGES

Mohnblumen am Australian War Memorial, das in Auftrag gegeben wurde, um der Opfer des Ersten Weltkriegs zu gedenken, und 1941 eröffnet wurde

NICHT VERPASSEN

- Schrein, Museum und Archiv zugleich – das Australian War Memorial wurde zum Gedenken an die Australier erbaut, die ihr Leben bei Konflikten verloren. Es ist ein wunderschöner und ergreifender Ort, um über Leben und Verlust nachzudenken.
- In der National Gallery of Australia (NGA) befindet sich die weltweit größte Sammlung von Kunstwerken der Aborigines und der Bewohner der Torres-Strait-Inseln – über 7500 Exponate! Die NGA, in der auch die Ned-Kelly-Reihe von Sidney Nolan zu sehen ist, eignet sich perfekt, um mehr über die turbulente Geschichte des Inselkontinents zu erfahren.

BESTE REISEZEIT

Von Mitte September bis Mitte Oktober ist die Hauptstadt bunt, denn dann findet die Floriade statt, ein jährliches Festival mit Millionen von Blumen. Während dieses Monats gibt’s jede Menge Musik, Kulturevents, Gartenworkshops und Märkte. Ein Besuch lohnt sich aber auch zwischen März und Mai, wenn die Stadt in Herbstfarben leuchtet.

• Von Chris Zeiher

TOP 10 STÄDTE

HAMBURG, DEUTSCHLAND

Ihre Fertigstellung dauerte angeblich länger als der gesamte Zyklus von Wagners *Nibelungen*, aber die 790 Mio. € teure Elbphilharmonie war die Geduld wert. Ihr Dach mit 6000 Pailletten aus Aluminium schimmert wie ein Kristallsegel, während ihr Fundament die Ziegelästhetik der historischen Speicherhäuser aufgreift. Von hier aus erstreckt sich Hamburg entlang der Elbe und kann wunderbar zu Fuß erkundet werden. Die Stadt hat viele Überraschungen zu bieten: Strandbars an der Elbe, die nur im Winter geschlossen sind, ein Nachtleben, das zu den besten Europas zählt, und zahlreiche charmante kleine Bauwerke, die man bei Spaziergängen entdeckt.

JONATHAN STOKES © LONELY PLANET

Ein Sommerabend in der Strandbar *Strand Pauli* in St Pauli, dem für sein Nachtleben berühmten Hamburger Viertel

04

Bevölkerung: 1,7 Mio.
Sprache: Deutsch
Währung: Euro
Anreise: Hamburgs internationaler Flughafen wird aus ganz Europa angeflogen. Außerdem gibt's sehr gute Zugverbindungen innerhalb Deutschlands und aus benachbarten Ländern.

WARUM HINFAHREN?

Deutschlands zweitgrößte Stadt hat ein internationales Flair (vor allem in ihren legendären Clubs) – manchmal glaubt man hier sogar, in einem ganz anderen Land zu sein. In den Straßen findet man portugiesische Bistros, orientalische Märkte und Designerboutiquen direkt nebeneinander. Diese Offenheit gegenüber fremden Kulturen geht auf die Zeit zurück, als Hamburg eine wohlhabende Hansestadt war, und sie ist bis heute charakteristisch für die Atmosphäre in der norddeutschen Metropole.

„Hamburg ist wie ein facettenreicher Diamant: alte Parks, der Fluss, Welterbestätten, die Elbphilharmonie und nicht zuletzt seine Bewohner – ein Gemisch, das funktioniert."

Anja Frauböse, Leiterin Unternehmenskommunikation und Einwohnerin Hamburgs

Die Nähe zum Wasser ist omnipräsent, sollte man diese Tatsache kurz vergessen, reicht es, wenn plötzlich ein riesiger Frachter in Sichtweite vorbeigleitet. Und selbst auf der Reeperbahn – dem Rotlichtviertel, wo die Beatles in den frühen 1960er-Jahren ihren Sound fanden – erinnern die kreischenden Möwen daran, dass das Wasser nicht fern sein kann.

REISEPLAN

Ein langes Wochenende in Hamburg

- In der **Elbphilharmonie** ein Konzert besuchen, die Architektur bewundern oder ins Obergeschoss fahren, um den Blick auf die Stadt zu genießen.
- Das **Miniatur Wunderland** erkunden – die winzigen Modellzüge, die sich durch detailgetreue Landschaften winden, überzeugen auch die, die Modelleisenbahnen nichts abgewinnen können.
- In der **Strandperle** an der Elbe etwas trinken und Hamburgs beste Strandbar genießen.
- Bewundernd zum Turm **von St. Nikolai** hinaufschauen, dem einzigen Überbleibsel der im Zweiten Weltkrieg zerstörten Hauptkirche. Als Mahnmal erinnert er heute an die dunkle Zeit.
- Die herrliche Mischung aus Restaurants und Ausgehspots in **St. Georg** erkunden. Die Bar M&V ist der perfekte Ort, um den Abend zu beginnen oder abzuschließen..

NICHT VERPASSEN

- Unbedingt an einer Hafenrundfahrt teilnehmen! Die U-Bahn-Linie U3, die herrliche Ausblicke auf die Stadt bereithält, rattert oberirdisch zu den zentralen Landungsbrücken. Dort starten die Rundfahrten. Am besten wählt man eine der längeren, dann kann man z. B. bei einem Bier auf Deck die Highlights des Hamburger Hafen sehen und auch hören – z. B. das Krachen zusammenstoßender Container beim Be- und Entladen der riesigen Schiffe.
- Sonntagmorgens in aller Frühe strömen Tausende Hamburger und Besucher (davon nicht wenige direkt aus den Clubs) zum Fischmarkt in St. Pauli, um Fisch zu kaufen – natürlich nicht ohne vorher über den Preis zu verhandeln –, deutsche Popmusik live zu hören oder einfach nur, um weiterzufeiern.

BESTE REISEZEIT

Im Winter kann man auf geselligen Weihnachtsmärkten bei einem Glühwein über Geschenke nachdenken, im Frühjahr und Herbst geht's trotz manch stürmischer Tage zu Outdooraktivitäten, während sich an den langen Sommertagen fast das gesamte Leben draußen abspielt.

• Von Ryan Ver Berkmoes

LENA SERDITOVA © SHUTTERSTOCK

Die eindrucksvolle Fassade der Elbphilharmonie ragt hinter den Speicherhäusern im Hafenviertel hervor

Die meisten Pagoden und Tempel rund um Kaohsiung's Lotus-Teich entstanden im 20. Jh., darunter auch der Frühlings- und Herbstpavillon von 1953

05

FABIO NODARI © GETTY IMAGES

05
BEST IN TRAVEL 2018

TOP 10 STÄDTE

KAOHSIUNG, TAIWAN

An Kaohsiungs schönem Hafen wächst zurzeit ein riesiges Kunst- und Kulturzentrum heran. Mit einem 100 000 m^2 großen Musikkomplex, Plazas voller Banyanbäume und verschlungenen Fußgängerwegen ist es das Vorzeigeprojekt Taiwans für experimentelle Architektur. Außerdem wird ein spektakulärer Hafen für Kreuzfahrtschiffe gebaut. Eine schicke Stadtbahn mit 36 Stationen verbindet diese Bauten mit dem Rest von Kaohsiung. Weiter landeinwärts, am Xiao-Gangshan-Trail, blicken Wanderer von einer neuen, 27 m langen Fußgängerbrücke auf die Taiwanstraße – auch hier ist Wasser allgegenwärtig. Man sollte die Stadt besuchen, bevor jeder weiß, dass sie einen Boom erlebt!

Der „Lichtdom" in der U-Bahn-Station Formosa Boulevard ist angeblich das größte Glas-Kunstwerk der Welt

Bevölkerung: 2,8 Mio.

Sprachen: Mandarin, Taiwanesisch

Währung: Neuer Taiwan-Dollar

Anreise: Vom Kaohsiung International Airport, alias Xiaogang Airport, starten Flüge in die meisten südostasiatischen Länder sowie nach Japan, Korea und China. Er liegt südlich der Stadt und bietet gute Metroverbindungen ins Stadtzentrum.

WARUM HINFAHREN?

Taiwans zweitgrößte Stadt ist ein wichtiges Industriezentrum mit einem modernen Stadtbild, breiten Straßen, Cafés, heißen Jazzclubs und Parks am Wasser. Badestrände sind nahebei, direkt vor der Stadtgrenze erstreckt sich ein 1000 ha großes Waldgebiet, und das Fischerdorf Cijin ist nur eine kurze Bootsfahrt entfernt. Wie überall in Taiwan gibt es auch hier jede Menge Tempel – lustige, grellbunte, aber auch Bauwerke im traditionellen Stil.

Futuristisch anmutende Gebäude, aus internationalen Architekturwettbewerben hervorgegangen, schießen wie Pilze aus dem Boden. In Kaohsiung erlebt aber auch die südchinesische Tradition ein Comeback – in den Galerien trifft Acryl auf Rost und Schiffsholz und aus alten Rezepten zaubern die Köche moderne Gerichte. Die Stadt ist außerdem bekannt für ihre entspannte Atmosphäre, eine lebendige Lesben- und Schwulenszene und den größten Biomarkt in Südtaiwan.

© STOCKIMO / PICFAIR.COM

REISEPLAN

Drei Tage in Kaohsiung

- In zehn Minuten mit der Fähre zur **Cijin-Insel** fahren, den wunderschönen Tianhou-Tempel besichtigen, frische Meeresfrüchte genießen und einen Küstenpark erkunden.
- Die Galerien, Boutiquen und Cafés im **Pier-2 Art District** besuchen – am besten nach 14 Uhr.
- Moderne indigene Kunst sowie Kunst aus Südtaiwan sind die Highlights des eindrucksvollen **Kaohsiung Museum of Fine Arts**.
- Auf dem **Ruifeng-Nachtmarkt**, dem größten seiner Art in Kaohsiung, zusammen mit Einheimischen (keine Reisegruppen) geschmorte Schweineohren und Fruchtgetränke genießen.
- Der malerische **Lotus-Teich** ist von zwei Dutzend Pagoden und Pavillons umgeben – manche so schrill wie Pop-Art, andere so stilvoll und ernst wie der Konfuziustempel.

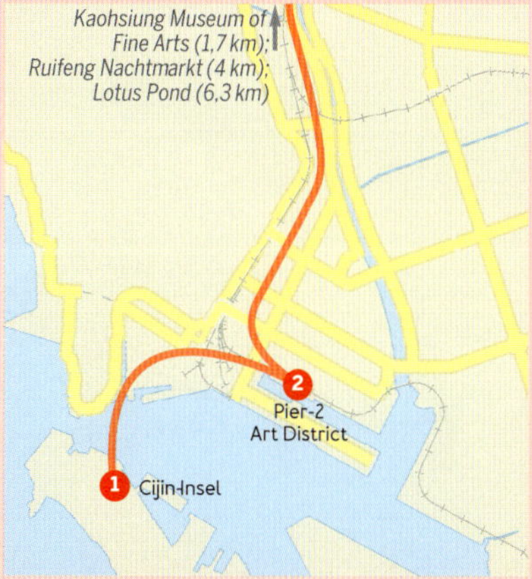

NICHT VERPASSEN

- Am Hafen erstreckt sich an zwei breiten Boulevards der Pier-2 Art District, ehemalige Speicher aus den 1970er-Jahren, die heute Galerien, Boutiquen, Cafés und Veranstaltungsorte beherbergen. Hier kann man mindestens einen halben Tag verbringen. An Wochenenden findet nachmittags ein Flohmarkt statt.
- Gaudi in Taiwan? Könnte man meinen. Es waren aber südostasiatische Migranten, die aus Millionen von Muscheln, Korallen und Natursteinen den sogenannten Stone Temple im Tianlio District erbauten. Das Ergebnis ist eine sehr eigenwillige Variante des taoistischen Tempels. An den verschlungenen Säulengängen wachen taoistische Gottheiten.

„Ich liebe es, mich mit meinen Freunden in einem Fischrestaurant zu treffen! Kaohsiung ist der Umschlagplatz für Meeresfrüchte aus ganz Südtaiwan, man stelle sich die Vielfalt und Frische vor! Am besten schmecken sie mit Bier oder Whisky!“

Trista Liao, Gasthausbesitzer

BESTE REISEZEIT

Man kann Kaohsiung das ganze Jahr über besuchen, die besten Zeiten sind aber Oktober bis März oder April, wenn es kühler ist. Kaohsiung hat ein tropisches Klima, und von Juni bis September wird es über 30 °C warm, ideal zum Schwimmen. Die Regenzeit dauert von Juni bis Oktober.

• Von Piera Chen

Die sieben Stockwerke hohen Tiger- und Drachenpagoden von 1976 am Lotussee gehören zum Chiji-Palasttempel, mit dem sie durch ein Laufsteg verbunden sind

SEAN3810 © GETTY IMAGES

06
BEST IN TRAVEL 2018

TOP 10 STÄDTE

ANTWERPEN, BELGIEN

Antwerpen war einst die größte Stadt Europas, deshalb punktet die inoffizielle Hauptstadt Flanderns heute mit vielen historischen Schätzen, aber auch mit einer Kunst- und Design-Szene von Weltrang – dieses Jahr zu sehen auf dem Mega-Event *Antwerp Baroque 2018*. Er steht unter dem Motto „Rubens als Inspiration“ und soll die Brücke schlagen zwischen dem Barockmaler und berühmtesten Bewohner der Stadt und der Kunst von heute. Konzerte, Ausstellungen und Workshops runden das Programm ab. Doch auch ohne diese Veranstaltung ist diese Stadt äußerst lebendig – ganz besonders im alten Hafenviertel mit vielen neuen Bars, „Farm-to-Fork“-Restaurants und junger, spannender Achitektur.

REPISTU © GETTY IMAGES

Antwerpen scheut sich nicht vor ein paar modernen Bauten zwischen all dem Barock – das innovative Museum aan de Stroom wurde 2011 eröffnet

06

Bevölkerung: 510 000
Sprachen: Niederländisch, Englisch
Währung: Euro
Anreise: Mit dem Zug fährt man von Brüssel 30 Minuten, von Amsterdam eine Stunde und von Paris zwei Stunden nach Antwerpen; allein schon der wunderschöne Fin-de-Siècle-Bahnhof ist die Reise wert. Am kleinen Flughafen landen Flüge aus London und Spanien.

WARUM HINFAHREN?

Antwerpen verbindet die klassische Eleganz von Brügge mit der Coolness einer Metropole. In der Altstadt wacht eine riesige gotische Kathedrale – die höchste des Landes – über prächtige, an Lebkuchenhäuser erinnernde Stadthäuser und Gassen mit Kopfsteinpflaster. Besucher können in den Museen die Kunst der flämischen Meister aus dem Goldenen Zeitalter bestaunen und anschließend in eine lebendige kreative Szene eintauchen, die von Kunst- und Modeschulen mit internationalem Ruf befördert wird. Auf die Ergebnisse trifft man in den zahllosen Galerien, Boutiquen, Designershops und Vintageläden, die alles von Designerkleidern von Dries Van Noten bis hin zu Mode für 3 € anbieten.

Antwerpen knausert nicht mit belgischen Kulinarik-Klassikern wie Bier, Schokolade oder dem ginartigen Genever und haut gern auf den Putz, wenn es um Essen und Trinken geht. Dies vor allem im alten Hafenviertel Het Eilandje, wo man heute in den alten Lagerhallen Cafés, Cocktailbars und Restaurants findet. Aber auch so zukunftsweisende Neubauten wie das 2016 fertiggstellte Hafenhaus von Zaha Hadid.

Das Prachtstück auf dem Marktplatz der Stadt ist das Stadhuis im Rennaisance-Stil, das 1565 fertiggestellt wurde; davor steht der Brabobrunnen

© WWW.WOODMONKEY.BE / VISITANTWERPEN.BE

„Antwerpen ist eine kosmopolitische und zugleich sehr überschaubare Stadt. Hier findet man Architektur, Design und Gastronomie von Weltrang und kann freitagabends immer noch ganz entspannt mit Freunden zu einem Gig gehen."

Jona De Beuckeleer, Mitbegründer und Reiseführer, Cyclant Bike Tours and Hire

NICHT VERPASSEN

- Schätze aus dem goldenen Zeitalter warten in Antwerpens Hausmuseen: Im Plantin-Moretus, dem Haus des Buchdruckpioniers Christoph Plantin – ein Unesco-Welterbe – stehen deckenhohe Regale, die ältesten Druckerpressen der Welt sowie seltene Bücher und Karten. Das Rubenshuis, Rubens restauriertes Wohnhaus und Studio, hält seltene Kunstwerke bereit.
- Die Stadt lässt sich wunderbar mit dem Fahrrad erkunden. In ein paar Stunden sieht man so die Altstadt, das Hafenviertel, den mit Straßenkunst gefüllten Park Spoor Noord, das Art-Nouveau Zurenborg und die Left Bank mit ihrer traumhaften Skyline.

BESTE REISEZEIT

Am lebhaftesten geht's von März bis September beim Festival Antwerp Baroque 2018 zu; besonders viele Events steigen im Frühling und Sommer. Der Hochsommer ist Festival-Zeit – da gibt's die Museumsnacht mit langen Öffnungszeiten und nächtelangen Partys, und Musikfeste wie Summerfestival, Tomorrowland und Jazz Middelheim mit Indie-, Jazz- und Elektrokonzerten.

• Von Sophie McGrath

REISEPLAN

Ein langes Wochenende in Antwerpen

- Rubens riesiges Altargemälde in der **Liebfrauenkathedrale** bewundern, einem mittelalterlichen Meisterwerk, an dem fast zwei Jahrhunderte lang gebaut wurde.
- Bei **The Chocolate Line** Kreationen wie Schinken-, Tequila- und Wasabi-Schokolade sowie „Pillen" für Liebeskranke und Kakao schlemmen.
- Eine Shoppingtour durch die **Kloosterstraat**, deren Boutiquen, Concept Stores und Antiquitäten-Imperien von Statement-Mode bis hin zu Sowjetkarten eine riesige Auswahl bieten.
- In der mehrstöckigen, vor Kurzem renovierten **De-Koninck-Brauerei** ein *bolleke*-Glas heben und dazu feine Küche aus Biozutaten genießen.
- Das exzellent designte **MAS-Museum** in Het Eilandje mit seinen faszinierenden Ausstellungen und der herrlichen Panorama besuchen.

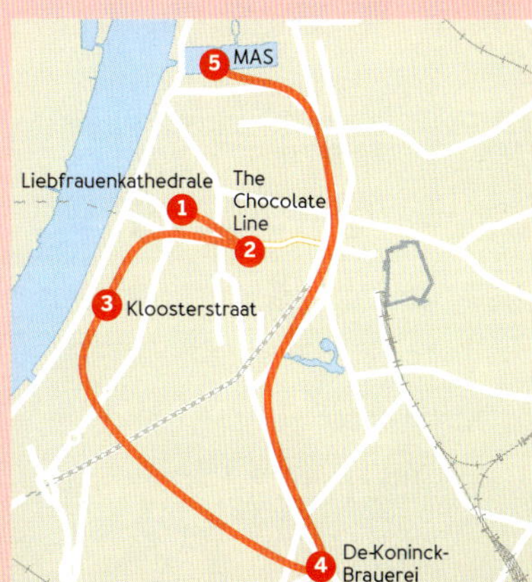

Von 1352 bis 1521 erbaut (aber immer noch nicht fertiggestellt): Die Liebfrauenkathedrale dominiert seit 500 Jahren die Skyline von Antwerpen

MARIOGUTI © GETTY IMAGES

07

Verfallene Tunnel, Gassen und Steinhäuser bedecken Materas Berge in der Region Basilikata in Italien

BLUEJAYPHOTO © GETTY IMAGES

07
BEST IN TRAVEL 2018

TOP 10 STÄDTE

MATERA, ITALIEN

Materas honigfarbene Häuser thronen direkt über einer Schlucht. Unter der Stadt, im felsigen Untergrund, erstreckt sich ein Labyrinth aus bis zu 9000 Jahre alten Höhlenwohnungen, -kirchen und -klöstern. Matera ist damit eine der ältesten bewohnten Städte der Welt. Nachdem die beinahe verfallene Schönheit restauriert wurde, schlägt sie nun Kapital aus ihren Sehenswürdigkeiten. Auch die noch junge Gastronomieszene ist so eindrucksvoll wie Materas Felsenmauern. Die Ernennung zur Kulturhauptstadt Europas 2019 wird schon jetzt mit Events und Festivals gefeiert, sodass man die Stadt unbedingt noch in diesem Jahr besuchen sollte, bevor sie 2019 ins Rampenlicht rückt!

MATERA, ITALIEN

Bevölkerung: 60 500

Sprache: Italienisch

Währung: Euro

Anreise: Matera ist 90 Minuten mit dem Bus oder Zug vom Flughafen Bari entfernt, auf dem Maschinen aus Italien und ganz Europa landen. Mit dem Bus ist es in vier Stunden von Neapel und in sechs Stunden von Rom aus erreichbar.

WARUM HINFAHREN?

Florenz und Rom sind junge Hüpfer – zumindest im Vergleich zu Matera, dessen Felshöhlen seit prähistorischer Zeit von Bauern, Mönchen und Künstlern erbaut und bewohnt wurden. Die Unesco-Welterbestätte liegt in einem entlegenen Teil der Basilikata, dem „Bogen" des italienischen Stiefels, und scheint von der Zeit vergessen zu sein – es überrascht also nicht, dass die Höhlenstadt Petra zu den Partnerstädten Materas zählt. Das labyrinthartige Netz von Gassen, Tunneln und Treppen, das in Filmen oft als Kulisse für biblische Städte dient, verläuft zwischen Tausenden von Gemäuern aus unterschiedlichen Zeiten, darunter altsteinzeitliche Grotten, Palast-Ruinen sowie 155 prachtvolle, mit Fresken geschmückte byzantinische Kirchen.

Aber die Città Sotterranea (unterirdische Stadt) ist kein Museum: Zwar wurde sie in den 1950er-Jahren zwangsgeräumt, nachdem die Armut ihrer Bewohner Schlagzeilen machte, doch heute beherbergt sie eine wachsende Gemeinde, die stolz darauf ist, die Vergangenheit wieder ans Licht zu bringen und die Stadt neu zu beleben. Inzwischen kann man in Matera in Hotels mit minimalistisch eingerichteten Suiten übernachten und bei Veranstaltungen die „Arme-Leute-Küche" (*cucina povera*) probieren.

REISEPLAN

Zwei Tage in Matera

- In den nachgebildeten Räumen der **Casa-Grotta di Vico Solitario** sehen, wie die Höhlenbewohner Materas (und ihre Tiere) einst lebten.
- Die Grotten und Höhlenkirchen in der **Schlucht** östlich von Matera erkunden und anschließend auf einen Aussichtsturm steigen, um den herrlichen Blick auf die Stadt zu genießen.
- Zurück in der Stadt geht's durch die riesigen Gewölbekammern der im 16. Jh. erbauten **Palombaro Lungo**, eine der größten Zisternen der Welt.
- Sich auf der lebhaften **Piazza Vittoria Veneto** den Einheimischen anschließen und einen Abendspaziergang (*passeggiata*) machen.
- Bei **Baccanti** Spezialitäten wie *lucanica*-Würstchen und *cacioricotta*-Käse testen und anschließend bei **I Vizi degli Angeli** Lavendel- oder Feigeneis schlemmen.

LIANEM © GETTY IMAGES

Die unterirdischen *sassi* (Höhlensiedlungen) in Matera wurden erstmals in der Altsteinzeit bewohnt

NICHT VERPASSEN

Ein Highlight sind die Höhlensiedlungen, *sassi* genannt, die man allein oder mit einem lokalen Touranbieter wie Sassiweb erkunden kann. Besonders sehenswert ist die Chiesa di Madonna delle Virtù, ein 1000 Jahre alter Klosterkomplex, der sich über zwei Etagen erstreckt, aus zahllosen Höhlen besteht und auch eine Kirche mit kunstvollen Fresken umfasst. Auf moderne Kunst stößt man bei MUSMA, einer Skulpturengalerie, die in den freskengeschmückten Räumen eines historischen Palazzos untergebracht ist. Hier kann man auch Ausflüge zur Cripta del Peccato Originale außerhalb der Stadt buchen, die wegen ihrer prachtvollen Fresken „Sixtinische Kapelle der Höhlenkirchen“ genannt wird.

„Die Menschen sind freundlich hier und selbst an hektischen Tagen bin ich in wenigen Minuten in der *sassi* – und in einer anderen Welt.“

Mikaela Bandini, Inhaberin der Cafébar Area 8

BESTE REISEZEIT

Im Juli und August ist Hochsaison für Ferien und Festivals – von der Schäferprozession, einem Umzug mit Pappmaché-Wagen, die anschließend zerrissen werden, bis hin zu Gezziamoci, einem Jazzfestival in den Höhlen und auf dem gegenüberliegenden Plateau. Am besten kommt man im Frühjahr oder Herbst, um die Hitze des süditalienischen Sommers zu umgehen.

• Von Sophie McGrath

08
BEST IN TRAVEL 2018

TOP 10 STÄDTE

SAN JUAN, PUERTO RICO

In San Juan trifft Alt auf Neu, sprich, die koloniale Vergangenheit mischt sich auf angenehme Weise mit moderner Urbanität. Old San Juan ist eine ummauerte Enklave mit Kopfsteinpflastergassen, begrünten Plätzen und alten Kirchen. Außerhalb der Mauern, im modernen San Juan, erwarten den Besucher Graffiti-Kunst und eine sehr lebendige Galerienszene. In den neu eröffneten Restaurants, von denen viele ausschließlich Produkte aus regionalem Anbau verwenden, kommen Gerichte auf den Tisch, die selbst Gourmets begeistern. Der Ruf von San Juans Tanzclubs, Bars und Casinos ist schon seit Langem legendär, bleiben also noch die Strände. Und die sind so aufregend schön wie eh und je!

MIKOLAJN © GETTY IMAGES

Die baumbestandenen Gassen aus der Kolonialzeit in Old San Juan eignen sich wunderbar für einen Spaziergang.

08

Bevölkerung: 355 000
Sprachen: Spanisch, Englisch
Währung: US-Dollar
Anreise: Der Luis Muñoz Marín International Airport, 12 km östlich der Altstadt, ist der wichtigste Zugangspunkt für Reisende aus den USA und der ganzen Welt. Der zweite Flughafen im Stadtzentrum, Isla Grande, besteht aus einer Halle und bedient nur die nahe gelegenen Inseln.

WARUM HINFAHREN?

San Juan hat viele Gesichter, von relaxtem Karibikflair bis hin zum modernen Hipster-Feeling. In Old San Juan wird die Vergangenheit lebendig: Gebäude aus der Kolonialzeit, Domino spielende Männer, und durch die Straßen schlendernde Paare erinnern an eine Zeit, als man noch nicht ständig mit Status-Updates beschäftigt war. Aber wer genau hinschaut, findet hier auch modernes Leben: Lounge-Bars und Salsa-Clubs voller junger San Juaneros, Coffeeshops und Restaurants, die mit neuen Aromen und Fusionküche experimentieren.

Santurce und Ocean Park sind die Künstlerviertel der Stadt, mit teils zehn Stockwerke hohen Wandgemälden an den Gebäuden

San Juans wohlhabendes Viertel Condado zieht mit seinem Sandstrand und Hotels direkt am Wasser viele Besucher an

DENNIS K. JOHNSON © GETTY IMAGES

„Ich liebe das Antojitos del Callejon. Die Salsamusik, die Tänze, das Essen – die *alcapurrillas* (Pommes frites aus Kochbananen) sind so gut! Und alles direkt am Meer – das ist San Juan.“ *Lalo Ramirez, San Juanero*

REISEPLAN

Ein Wochenende in San Juan

- Die eindrucksvolle Festung und Unesco-Welterbestätte **El Morro** gibt einen Einblick in das Leben zu kolonialen Zeiten.
- Wenn man Old San Juan erkundet, lohnt sich ein Besuch auf einen puerto-ricanischen Kaffee im gemütlichen Café **Finca Cialitos**.
- Im berühmten **Museo de Arte de Puerto Rico** jahrhundertealte Kunst aus Puerto Rico bewundern.
- An den Wochenenden lebt **La Placita de Santurce** auf: Abends finden Livekonzerte statt, und man kann die tollen Bars und einige der besten Restaurants der Stadt besuchen.
- Die **Playa Isla Verde** ist ein wunderschöner, von Hochhausapartments gesäumter Strand mit weichem Sand, hohen Palmen und ruhigem Wasser.

und ständig neuen Food Trucks und Bio-Restaurants an jeder Ecke. Das nahe gelegene, sehr elegante Viertel Condado hat eine lebhafte Schwulenszene. Regenbogenflaggen, Boutiquen, Luxushotels und schicke Casinos prägen hier das Bild. Und dann die Strände! Von der Isla Verde bis zur Puerta de Tierra erstrecken sich schimmernde, palmengesäumte Sandstrände.

NICHT VERPASSEN

Old San Juan ist das koloniale und historische Herz der Stadt, beliebt bei den Einheimischen und ein Muss für Touristen. Man spaziert über das Kopfsteinpflaster der schmalen Gassen, an denen sich alte Häuser mit bonbonfarbenen Fassaden aneinanderreihen. Alle Wege führen zur Plaza de Armas, dem Hauptplatz der Altstadt, auf dem an Wochenenden abends häufig Live-Trommelkonzerte mit *bombas* stattfinden. Hier steht auch das Museo de las Américas, das sich der Kulturgeschichte der Neuen Welt widmet, und die aus Kolonialzeiten stammende Festung El Morro, von deren 43 m hohen Steinmauern sich ein atemberaubender Ausblick auf den Ozean bietet.

BESTE REISEZEIT

Man sollte zwischen Dezember und Mai nach San Juan kommen, wenn der Himmel blau und das Wetter mild ist. Dann gibt's auch viele lebhafte Festivals – von der einwöchigen Fiesta de la Calle San Sebastián im Januar bis zum beliebten Puerto Rico JazzFest im März – man wird gar nicht mehr abreisen wollen ...

• Von Liza Prado

09

Der Glockenturm der Basilica de Nuestra Señora de Guanajuato

FERRANTRAITE © GETTY IMAGES

09
BEST IN TRAVEL 2018

TOP 10 STÄDTE

GUANAJUATO, MEXIKO

Der Silberbergbau machte das im zentralen Hochland Mexikos gelegene Guanajuato einst wohlhabend. Er bescherte ihm u. a. reich ausgestattete Kirchen, schöne Plätze und mehrere Theater. Doch auch nach dem Niedergang der Bergbauindustrie schaffte es die Stadt, die heute vor allem vom Tourismus lebt, immer wieder auf die große Bühne. Jüngstes Beispiel: Die Produzenten des Filmgiganten Pixar wurden auf Guanajuato aufmerksam und machten die hübsche Kleinstadt mit ihren wunderbar bunten Häusern zur Kulisse für ihr animiertes „Land der Toten“ im jüngsten Pixar-Streifen *Coco*. Damit ist Guanajuato 2018 ein Platz unter den Top-Städten Mexikos auf alle Fälle sicher …

Bevölkerung: 171 709
Sprache: Spanisch
Währung: Mexikanischer Peso
Anreise: Der 30 km westlich der Stadt gelegene Guanajuato International Airport bietet Flüge von allen mexikanischen und einigen US-amerikanischen Großstädten, z. B. Mexico City, Los Angeles und Atlanta.

WARUM HINFAHREN?

Das 1548 gegründete Guanajuato ist eine der ältesten Kolonialstädte Mexikos und war 1810 ein wichtiger Schauplatz im Unabhängigkeitskampf des Landes: Ein Bergmann mit dem Spitznamen El Pípila stürmte den Getreidespeicher, in dem die Soldaten sich verbarrikadiert hatten, führte die Rebellen so zum Sieg und wurde zum

„In Guanajuato kann man alte Pfade wiederentdecken, die bereits von den Bergleuten aus den Silberminen genutzt wurden, und so mit Geschichte in Berührung kommen. Man sollte die umliegenden Hügel und Berge mit dem Fahrrad, zu Pferd oder, noch besser, zu Fuß erkunden."
Susana Ojeda Orranti, Tourismusdirektorin, Cacomixtle Tour Company

Nationalheld. Um ihn zu ehren, baute Guanajuato eine Statue auf einem Hügel, der heute den schönsten Blick auf die Stadt bietet. Ein weiteres Highlight der Stadt ist das gruselig-coole Tunnelsystem, durch das Autos und Fußgänger den steilen Hügeln ausweichen können. Aus der Glanzzeit Guanajuatos stammen die Prachtsbauten wie das Teatro Juárez und die Museen der Stadt (eines davon ist Diego Rivera, einem

REISEPLAN

Ein langes Wochenende in Guanajuato

- Der Besuch beginnt am **Monumento al Pípila**, einer Statue des mexikanischen Helden, und mit einem tollen Ausblick auf die Stadt.
- In die Seilbahn steigen und das **Museo Iconográfico del Quijote** besuchen, ein Museum, das sich dem berühmtesten Werk des großartigen spanischen Schriftstellers Cervantes widmet. Jeden Oktober feiert Guanajuato den Dramatiker mit einem der größten Kulturfestivals Lateinamerikas.
- Im **Museo y Casa de Diego Rivera** sieht man den Geburtsort des Künstlers und Politaktivisten.
- Den Getreidespeicher **Alhóndiga de Granaditas** erkunden – ein Schlachtfeld im Unabhängigkeitskrieg und inzwischen ein Museum.
- Souvenirs und Snacks kaufen im **Mercado Hidalgo**, dem größten Markt der Stadt.

weiteren berühmten Einheimischen gewidmet). Abends treffen sich die Bewohner gerne auf ein Schwätzchen auf der Straße. Ihre Freundlichkeit ist geradezu sprichwörtlich – und das in einem Land, das für seine Lebensfreude bekannt ist.

NICHT VERPASSEN

• Etwas Wein, Musiker in Kostümen aus dem 17. Jh. und die historischen Gassen Guanajuatos, mehr braucht es nicht für eine *estudiantina* – eine mobile Straßenparty, die jedes Wochenende stattfindet. Bei einem Abendspaziergang kann man seine Spanischkenntnisse nutzen, sich etwas über die Stadtgeschichten erzählen lassen und beliebte Songs mitträllern – jeder kennt den „ay, ay, ay, ay"-Song, der offiziell *Cielito Lindo* heißt. Der Spaß kennt keine (Sprach-)Grenzen. Im Jardín de la Unión im Stadtzentrum kann man sich für eine Party anmelden – einfach am Wochenende nachmittags nach den kostümierten Ticketverkäufern Ausschau halten.

BESTE REISEZEIT

Guanajuato ist das ganze Jahr über eine Reise wert. Das Wetter ist meist klar, sonnig und warm, aber nie zu heiß. An kühlen Winterabenden (die Stadt liegt auf 2000 m Höhe) und bei Sommerregen braucht man eine wasserfeste Jacke.

• Von Clifton Wilkinson

© CLIFTON WILKINSON

Das Teatro Juarez aus dem 19. Jh. ist der Mittelpunkt des reichen Kulturangebots von Guanajuato

Gegründet wurde Guanajuato im 16. Jh. von den Spaniern als Silberminenstadt, heute ist der bunte Ort eine Unesco-Welterbestätte

ROBERT BOWALS © 500PX PHOTO

OSLO, NORWEGEN

Oslo stand lange Zeit im Schatten seiner schicken skandinavischen Nachbarstädte. Aber in der Hauptstadt und in ganz Norwegen wird bald ein bedeutendes Event stattfinden: 2018 feiert das beliebte Königspaar sein 50. Ehejahr. Das Ereignis wird mit viel Trara und Prunk sowie zahlreichen kulturellen Veranstaltungen begangen. Auch das markante, moderne Opernhaus Oslos hat 2018 Grund zum Jubeln: Aus Anlass seines 10. Geburtstags wird es eine Reihe von Konzerten und Sondervorstellungen geben – der ideale Zeitpunkt also für einen Besuch in Norwegens Hauptstadt!

CHRISTIAN KOBER © GETTY IMAGES

10

Gäste genießen Oslos verjüngtes Hafenviertel; die Erinnerung an Norwegens legendäre Vergangenheit als Seefahrernation sind hier allgegenwärtig.

Bevölkerung: 658 390
Sprache: Norwegisch
Währung: Norwegische Krone
Anreise: Norwegian, SAS und British Airways verkehren regelmäßig zwischen Gardermoen Airport in Oslo und vielen europäischen Städten.

WARUM HINFAHREN?

Oslos Attraktionen sind viel zu lange unbemerkt geblieben, aber die kleine Hauptstadt wächst schnell und verändert sich. Zum Beispiel das Hafenviertel Tjuvholmen: Vor zehn Jahren herrschte hier die Atmosphäre eines Industriegebiets, doch im Zuge des größten Städtebauprojekts von Oslo wandelte sich das Bild vollständig. Heute gibt es hier Bars, Bistros und supercoole Apartmentblocks, nicht zu vergessen das fantastische Astrup Fearnley Museum of Modern Art, entworfen von keinem Geringeren als Renzo Piano. Es ist eines der architektonischen Wagnisse, die der Skyline von Oslo langsam ein neues Gesicht verleihen. Dazu gehört auch das Hochhausviertel Barcode, und das Vikingskipshuset (Museum für Wikingerschiffe), das umfassend erweitert werden soll. Aber auf den Putz zu hauen entspricht nicht der Natur Oslos: Zuallererst ist es eine Stadt zum Leben, mit vielen Parks, Wasserwegen für Spazierfahrten und Fjords für Kajaktouren – und einer Kaffeekultur, die problemlos mit der von Stockholm und Kopenhagen mithalten kann.

Kante(n) zeigen: Oslos Opernhaus aus dem Jahr 2007 hat bereits Wahrzeichen-Status.

ARCHITECT: TARALD LUDEVALL. MATS ANDA © GETTY IMAGES

REISEPLAN

Ein Wochenende in Oslo

- Los geht's am eindrucksvollen, aus Beton und Glas erbauten **Osloer Opernhaus**, von dem es nur ein kurzer Spaziergang zu den Hochhäusern von Barcode ist.
- Dann sollte man die **Nasjonalgalleriet** im Stadtzentrum besuchen, die u. a. Werke von Monet, Munch und Matisse zu bieten hat.
- Danach durch den baumreichen **Slottsparken** schlendern, den Königspalast besichtigen und anschließend das mittelalterliche Akershus Festning besuchen.
- Am Wasser entlang zum **Astrup Fearnley Museum of Modern Art** laufen und danach eine Fjordtour machen, um die Skyline von Oslo aus einer anderen Perspektive zu bewundern.
- Im **The Thief**, dem architektonisch abenteuerlichsten Hotel Oslos, übernachten.

„Meinen Kaffee trinke ich nur bei Tim Wendelboe. Er röstet seine Bohnen von Hand, veranstaltet Workshops, macht hervorragende Latte-Kreationen und hat sogar die Barista-Weltmeisterschaft gewonnen!"

Julius Eriksen, Barkeeper

NICHT VERPASSEN

- Kunst bewundern im Munchmuseet, das die größte Edvard-Munch-Sammlung der Welt beherbergt – 1100 Gemälde, 4500 Zeichnungen und 18 000 Drucke. Das Meisterwerk des Künstlers, *Der Schrei*, hängt allerdings in der *Nasjonalgalleriet* (Nationalgalerie) im Stadtzentrum .
- Shoppen in Grünerløkka, einem bei Oslos Hipstern beliebten Viertel. Sie trinken hier Small-Batch-Bier, kaufen Vintagemode und stöbern nach klassischen Vinylplatten.
- In die Vergangenheit eintauchen im Vikingskipshuset, das zwei wunderbar erhaltene Wikinger-Langschiffe, die *Oseberg* und die *Gokstad*, beherbergt, die bei der Begräbniszeremonie eines Stammesfürsten begraben und 1100 Jahre später wiederentdeckt wurden. Es gibt auch Teile eines dritten Schiffes, der **Tune**, zu sehen.

BESTE REISEZEIT

Jede Jahreszeit hat in Oslo ihren eigenen Charme. Der Sommer ist am besten für Outdooraktivitäten, Frühjahr und Herbst sind ideal für Stadterkundungen, und der Winter, mit Schnee und festlichen Märkten, ist eine atmosphärische Zeit, für die man sich aber warm anziehen sollte.

• Von Oliver Berry

LONELY PLANETs

TOP TIPPS

Reiseziele, die ihr Geld wert sind / Kulturtrips für Familien

Die besten Neueröffnungen / Neue Top-Unterkünfte

REISEZIELE, DIE IHR GELD WERT SIND

Wer genügsam wandern gehen oder statt eines Trips zu teuren Touristenzielen lieber sparen möchte, für den ist unsere Liste mit preiswerten Reisezielen ein guter Anfang.

↘ 1 TALLINN, ESTLAND

Estlands Hauptstadt ist übersichtlich, trendy und unglaublich preiswert. Hier kann man eine der schönsten Altstädte Osteuropas erkunden, in preiswerten Schlafsälen, Pensionen oder Privatunterkünften übernachten und vom Flachdach der riesigen Linnahall (eine der besten Gratisaktivitäten von Tallinn) einen einmaligen Panoramablick auf die Ostsee und die Stadt genießen. Tallinn ist kein Geheimtipp – Billigflieger aus ganz Europa landen hier – doch es lohnt sich, das sich ständig verändernde Viertel Kalamaja mit dem Kreativcampus Telliskivi zu besuchen. Dort verkaufen Imbisswagen günstige, Instagram-taugliche Gerichte.

Man kann nach Tallinn fliegen, oder eine Fähre von Helsinki, Stockholm und Sankt Petersburg nehmen; Fahrpläne gibt's unter www.portoftallinn.com/passenger-ship-schedules.

SEANPAVONEPHOTO © GETTY IMAGES/ISTOCKPHOTO

2 LANZAROTE, KANARISCHE INSELN

In den letzten zehn Jahren zu einem Top-Ziel für gut informierte Reisende geworden. Die gute Infrastruktur macht die Suche nach erschwinglichen Unterkünften und Restaurants kinderleicht. Urlauber können sich die Zeit mit allen möglichen Aktivitäten vertreiben, doch Lanzarote hat auch einzigartige Naturerlebnisse zu bieten: Die mondartige Landschaft des Parque Nacional de Timanfaya, die unberührten Strände von Órzola und die auf schwarzem Sand gelegenen Weinberge von La Geria belohnen all jene, die hier mehr erleben wollen als einen konventionellen Strandurlaub. Zudem kann man auf der Insel das künstlerische und architektonische Erbe von César Manrique entdecken, tollen Wanderwegen folgen und bei Autotouren atemberaubende Aussichten genießen.

César Manriques Gebäude und Kunstwerke ziehen viele Besucher an – ganz früh oder ganz spät kommen, um dem Andrang auszuweichen.

↘ 3 ARIZONA, USA

Erst in einem einfachen Motel am Straßenrand übernachten, dann geht's zelten und wandern. Von Tucson aus kann man den Saguaro-Nationalpark auf einem Tagestrip mit oder ohne Übernachtung erleben. Im Organ-Pipe-Cactus-Nationalpark buhlen viel weniger Besucher um die besten Aussichtsplätze. Die Nebensaison bringt einige Vorteile: Von März bis Mai und von September bis Oktober erwarten einen bei einem Besuch des South Rim am Grand Canyon kühlere Temperaturen und weniger Mitbesucher. Am North Rim herrscht im Mai oder Oktober weniger Andrang. Die Wellnesscenter und Golfplätze von Scottsdale visiert man am besten zwischen Juni und August an. Dann ist es tagsüber zwar heiß, doch in der Mittagshitze laden die Pools zum Erfrischen ein. ***Das Wüstenklima und die hohe Lage vieler Sehenswürdigkeiten sorgen für kühle Nächte – entsprechend packen, insbesondere fürs Zelten.***

FILIPPO BACCI © GETTY IMAGES

TOP TIPPS BEST IN TRAVEL 2018

↘ 4 LA PAZ, BOLIVIEN

In spektakulärer Lage auf 3660 m Höhe bietet La Paz mit das beste Preis-Leistungs-Verhältnis Südamerikas – egal, ob man sich akklimatisieren, Spanisch lernen oder einfach nur das bunte Treiben auf den Straßen und die Lage in den Anden genießen will. Wer aufs Geld achtet, kann für weniger als 25 Euro pro Tag auf unvergesslichen Märkten essen und Wanderungen oder Radtouren unternehmen. La Paz hat außerdem eine schnell wachsende, doch preiswerte Gourmet-Szene mit erstklassigen Restaurants wie das von Claus Meyer (Mitbegründer des Noma in Kopenhagen) gegründete Gustu. Auch Boutique-Hotels und Cafés sprießen aus dem Boden, sind aber günstiger als anderswo. Schnell hinreisen: La Paz ist im Kommen.
La Paz' internationaler Flughafen El Alto, auf 4061 m der welthöchste, wird von Wien, Zürich und München mit Zwischenstopps angeflogen.

GARY LATHAM © GETTY IMAGES/CULTURA EXCLUSIVE

↘ 5 POLEN

Irgendwie schafft es Polen, bezahlbar und trotzdem nicht überlaufen zu sein. Natürlich zieht Krakau viele Touristen an, doch bei der Erkundung lässt man hier weniger Geld als etwa in Prag. Rund um Krakau liegen einige noch recht unbekannte Highlights Europas. Im Norden kann man die wiederaufgebaute Danziger Altstadt besichtigen. Orte wie Lublin, Toruń und das schöne historische (und meist ziemlich leere) Tarnów laden zu einer wunderbaren Woche ein. Wer mehr Zeit hat, könnte sich rund ums preiswerte Zakopane bei Aktivitäten in den Bergen vergnügen oder im Białowieża-Nationalpark Bisons beobachten. Günstige Zug- und Busverbindungen, preiswertes Essen und Bier sowie Budget-Unterkünfte runden das Bild ab.

Zugreisen sind in Polen nicht teuer, weshalb ein Interrailticket sich meist nicht lohnt. Für die besten Preise sollte man vorab buchen: polrail.com

ALINA STANKEVYCH © 500PX PHOTO

MATEJ KASTELIC © 500PX PHOTO

↗ 6 ESSAOUIRA, MAROKKO

Wer Marokko liebt, Marrakesch aber schon kennt, für den könnte Essaouira genau das Richtige sein, denn es ist noch ein preiswerter Ort in diesem sicheren Teil von Nordafrika. Und mittlerweile wird Essaouira auch direkt (und günstig) von Großbritannien und Frankreich aus angeflogen. Seine engen Gassen, die traditionellen Hammams sowie die Farben und Gerüche der Medina sorgen für eine geradezu sinnliche Atmosphäre. Dank der ständigen Brise gibt's hervorragende Möglichkeiten zum Wind- und Kitesurfen und der Strand lädt zu erfrischenden Spaziergängen ein. Die charakteristischen Riads sind erschwinglich, insbesondere für Familien oder Gruppen. Und das Beste: Auch für den kleinen Geldbeutel gibt's sensationelles Essen – besonders die frischen Meeresfrüchte.

Auf dem Landweg ist Essaouira eine dreistündige Busfahrt von Marrakesch und vier Stunden von Casablanca entfernt.

↘ 7 GROSSBRITANNIEN

Während die britische Regierung mit dem Brexit kämpft, können Reisende von günstigen Wechselkursen profitieren. Auf das Referendum von 2016 folgte unmittelbar eine Abschwächung des Pfunds gegenüber fast allen Währungen: Eine gute Nachricht für Besucher Londons, das bislang nicht gerade ein Paradies für Sparfüchse war. Umso mehr empfiehlt sich die Weiterreise nach Devon und Cornwall oder zu Touristenhochburgen wie Bath, York und Edinburgh (günstiger außerhalb der Schulferien an Ostern und von Juli bis August). Man sollte die Währungsschwankungen im Blick haben, aber höchstwahrscheinlich bleibt Großbritannien bezahlbar – zumindest so lange, bis ersichtlich wird, wie es nach dem Brexit wirklich weitergeht.

Die Wechselkurse findet man unter oanda.com/currency, wo es auch hilfreiche Tools wie Umrechnungstabellen im Taschenformat gibt.

ANDREW PICKETT © GETTY IMAGES/VISITBRITAIN

↘ 8 BAJA CALIFORNIA, MEXIKO

Es ist zwar die zweitlängste Halbinsel der Welt, doch viele Traveller sehen von Baja California kaum mehr als Tijuana oder Tecate – dabei gibt es auf den verbleibenden 1200 Kilometern Richtung Süden noch jede Menge zu sehen. Zugegeben, die Preise sind aufgrund der relativen Abgelegenheit oft höher als in anderen Teilen Mexikos. Aus den USA kommend, spart man bei dem Trip jedoch Geld. Die nördliche Weinroute durch das Valle de Guadalupe ähnelt der Tour im kalifornischen Napa, ist jedoch viel günstiger. Zudem verfügen durch und durch mexikanische Städte wie Todos Santos, Loreto, San Ignacio, Mulegé und La Paz über sehr preiswerte Unterkünfte.

Um die Schlange am Grenzübergang Tijuana zu umgehen, kann man über Tecate einreisen. Diese Strecke bietet auch eine bessere Anbindung an die Ruta del Vino.

JAVIER GARCIA © SHUTTERSTOCK

↙ 9 JACKSONVILLE, FLORIDA, USA

„Jax", wie die Einwohner sagen, ist nicht so beliebt wie andere Reiseziele in Florida – dabei zählen 35 Kilometer Strand, viele Surfmöglichkeiten, Kunst und Livemusik, der Intracoastal Waterway und die größte städtische Parkanlage der USA zu den unbestreitbaren Pluspunkten. Den Park kann man zu Fuß, mit dem Rad oder am besten auf einer geführten Kajaktour erkunden. Grillrestaurants und Strandcafés sind familienfreundlich und günstig, und ein Craft-Bier in einer der acht örtlichen Brauereien kostet gerade mal 3,50 US$. Hier ist nicht nur das Übernachten erschwinglich (mit den niedrigsten Hotelpreisen im Bundesstaat), sondern man hat auch das Gefühl, einen ganz neuen Ort zu entdecken.
Jacksonville ist die flächenmäßig größte Stadt der Kontinental-USA – für ihre Erkundung braucht man ein Auto.

TRACE ROUDA © GETTY IMAGES

KITCHAKRON © GETTY IMAGES

↗ 10 HUNAN, CHINA

Hunans Highlights haben es in sich. In Zhangjiajie, einer fantastischen Sandsteinschlucht mit fast 250 bizarr geformten Felsen, eröffnete letztes Jahr die längste Glasbrücke der Welt. Auch ein Must-See: Fenghuang, eine herrliche historische Stadt, die buchstäblich über dem Fluss Tuo hängt. Wer noch nicht überzeugt ist: Die Provinzhauptstadt Changsha ist die Heimatstadt von Mao Zedong. Außerdem ist es günstig,schließlich ist man hier in China: Budget-Gerichte und Unterkünfte kosten unter 10 € und selbst in den angesagten Lokalen von Changsha zahlt man für üppige Gerichte der feurig-scharfen Hunan-Küche nicht mehr als das Doppelte.

Vom Flughafen Changsha geht's mit der Magnetschwebebahn zum Südbahnhof, dann mit Hochgeschwindigkeitszügen in größere Städte.

• Von Tom Hall

KULTURTRIPS FÜR FAMILIEN

Mit Kindern zu reisen kann einem andere Menschen und Kulturen näherbringen. Auf diesen inspirierenden Trips erweitert man den kulturellen Horizont der ganzen Familie.

1 OMAN

Oman ist eine hervorragende Einführung in die Welt des Nahen Ostens. Im eleganten Muscat (wo strikte traditionelle Vorgaben für die Gebäude gelten) erhalten die Kids einen Eindruck eines jahrhundertealten Lebensstils: Man kann eine Dhaufahrt machen oder die Fischer bei der Arbeit beobachten. Außerhalb der Hauptstadt gilt es, Lehmziegeldörfer, Festungen und Burgen zu erkunden und in Souks an den Feilsch-Künsten zu feilen, bevor man den Trip mit Entspannung am Strand ausklingen lässt. Und nach der Reise wird sich die Familie noch lange an die Herzlichkeit der Omaner erinnern.

Die beste Reisezeit nach Oman ist zwischen Oktober und April; von Juni bis August ist es meistens brütend heiß.

2 NORWEGEN

Traveller schätzen die skandinavische Kultur schon lange, aber flippiges Design und innovative Gastronomie sind nicht unbedingt Attraktionen für Kinder. Doch dank familienfreundlicher Resorts und null Reisekosten für Kids unter acht erfreut sich Norwegen einer wachsenden Beliebtheit bei Familien, die ihren Kleinen das Skifahren beibringen wollen. Und dann sind da ja noch die Wikingermuseen, Vergnügungsparks

mit Trollen und märchenhaften Palästen, Elchsafaris und Hundeschlitten (alle auch auf Kinder eingestellt). Eine Reise nach Norwegen wird die Kids in wahre Skandinavien-Fans verwandeln!

Nicht die riesigen Entfernungen zwischen den Städten in Norwegen unterschätzen – sorgfältig planen, um die Reisezeit zu optimieren.

↙ 3 NAMIBIA

Wer Kindern den Süden Afrikas näherbringen möchte, hat in Namibia einen perfekten Ausgangspunkt. Es gibt viele interessante und erschwingliche Unterkünfte für Familien und hervorragend ausgebaute Straßen. Zwar ist das Land bei Touristen für die Wildtierbeobachtung im Etosha-Nationalpark, die berühmten Sanddünen in Sossusvlei und Adrenalin-Sportarten in Swakopmund (auch für Kinder geeignet) angesagt, aber hier kann man auch viel über moderne Stammeskultur lernen. Eine gut durchdachte und organisierte Führung zu einer Himba-Siedlung sollte man vorab buchen.

Für gewöhnlich nehmen Safari-Veranstalter nur Kinder über acht Jahren mit. Wer jüngere Kinder dabeihat, kann auch einfach selbst fahren.

VINCENT ANDREWS © 500PX PHOTO

4 MEXIKO

Aztekische Ruinen erkunden auf dem Platz einer historischen Kolonialstadt und herumtollen, die Kunst Frida Kahlos bestaunen und am Straßenstand Maiskolben essen – Mexiko ist ein berauschendes Fest für die Sinne, das für Kinder unvergesslich bleiben wird. In Mexiko-Stadt genießt man das bunte Treiben, am Strand von Tulum entspannt man neben Einheimischen und die Barranca del Cobre lädt zum Erkunden mit dem Zug ein (dort gibt's auch einen Abenteuerpark mit sieben Seilrutschen!). Und das Beste von allem: Familien werden herzlich empfangen.

Am besten Anfang November hinfahren – das Fest am Tag der Toten bietet einzigartige und faszinierende Einblicke in die mexikanische Kultur.

5 EMILIA-ROMAGNA, ITALIEN

Pizza, Pasta und das beste Eis der Welt sowie eine durch und durch kinderfreundliche Kultur. – das gilt für ganz Italien. Doch wo kann man sowohl das moderne als auch das historische Italien wahrhaft kennenlernen? In der Emilia-Romagna: Es gibt Parma-Schinken und Parmesan für kleine Feinschmecker, die Mosaike von Ravenna für aufstrebende Künstler und das malerische Bologna, das Geschichts-Nerds in seinen Bann zieht. Nicht zu vergessen die Strandkultur in Rimini, die prächtigen Palazzi in Ferrara und die Kathedrale von Modena, die zum Unesco-Weltkulturerbe gehört.

Mit der Attrappe eines römischen Kanals, 3D-Filmen und interaktiven Displays erweckt das Museo della Storia di Bologna die Stadtgeschichte zum Leben. www.genusbononiae.it

MARK FERGUSON © ALAMY STOCK PHOTO

↗ 6 ORKNEY, SCHOTTLAND

Bei der abenteuerlichen Reise bis nach Orkney kann die Familie ganz in das faszinierende kulturelle Erbe der Insel eintauchen. Vor Ort warten 5000 Jahre Geschichte – von den Ruinen des jungsteinzeitlichen Dorfes Skara Brae über das Wikingererbe in Kirkwall bis zu Orkneys bedeutender Rolle im Zweiten Weltkrieg, die im Besucherzentrum Scapa Flow dokumentiert wird. Wenn die Kids mal Abwechslung brauchen, können sie sich am Strand austoben, supersüße schottische Taiblets probieren und zu traditioneller Folklore tanzen.

Wer die Kinder am Strand bei Laune halten möchte, kann sie nach Kaurischnecken, dem „Kaurigeld", suchen lassen.

7 AMSTERDAM, NIEDERLANDE

Das für seine entspannte Atmosphäre bekannte Amsterdam ist toll für Familienurlaube. Hier warten das interaktive Wissenschaftsmuseum Nemo, sehenswerte Kunstausstellungen (das Rijksmuseum bietet exzellente Familientouren) und die Erinnerung an eine tragische Geschichte im Anne-Frank-Haus. Außerdem berichtet das Verzetsmuseum Junior über vier niederländische Kinder zur Zeit der Besatzung. Alternativ kann man mit dem Tretboot auf den Grachten fahren, haufenweise köstliche Pfannkuchen essen, ein Hollandrad fahren und sich im Vondelpark auspowern.

Das Van Gogh Museum und Museum Het Rembrandthuis bieten kinderfreundliche Aktivitäten.

8 NASHVILLE, TENNESSEE, USA

Gibt's etwas Besseres als ein Wochenende in Nashville, um der Familie Country-Musik näherzubringen? Klar, feucht-fröhliche Abende in Bars sind nicht gerade kinderfreundlich, doch das reiche künstlerische Erbe der Stadt lässt sich auf unterschiedliche Arten entdecken. Los geht's in der Country Music Hall of Fame mit interaktiven Ausstellungen, Hörkabinen und der Möglichkeit, als Familie einen Song aufzunehmen. Daneben bietet das Johnny Cash Museum Filme für Kids und der Hop-on-Hop-off-Bus Music City Trolley eine Stadtrundfahrt, die kleine Besucher lieben.

Eine andere Seite von Nashville erlebt man auf der Belle Meade Plantation, einem Herrenhaus mit fesselnder Geschichte und einem weitläufigen Gelände. http://bellemeadeplantation.com

TOP TIPPS BEST IN TRAVEL 2018

9 BRISBANE, AUSTRALIEN

Einen Einblick in Australiens super entspannte Kultur mit Outdoor-Aktivitäten und Grillabenden bekommt man mit Kids am besten bei einem Trip nach Brisbane. Der künstlich angelegte Streets Beach lädt zum Planschen ein und auf dem Baumhausspielplatz im New Farm Park lässt sich super herumtollen. Entspannt wird beim Grillen am Flussufer im South Bank Parklands, bevor man Koalas im nahen Lone Pine Sanctuary beobachtet. Eindrücke historischer australischer Kultur vermittelt die Aborigine-Kunst im Queensland Art Gallery and Gallery of Modern Art (QAGOMA), das Malkurse für Kinder organisiert.

Auf das künstlerische Abenteuer in Brisbane kann man die Kids mit der Website des QAGOMA vorbereiten. www.qagoma.qld.gov.au/learn/kids

↘ 10 KYOTO, JAPAN

Für westliche Kids ist Kyoto ein guter Einstieg in die japanische Kultur – zu viele kulturelle Eindrücke könnten sie überfordern. Der Fushimi Inari-Taisha mit seinen berühmten *torii*-Toren – das faszinierende Beispiel eines traditionellen Schreins, der jedoch auch Platz zum Austoben bietet – ist sehr zu empfehlen, genauso wie der Shoren-in-Tempel mit Landschaftsgarten, wo man Karpfen zählen und einen Bambuswald entdecken kann. Alternativ geht's auf den 400 Jahre alten Nishiki-Markt mit allen möglichen japanischen Köstlichkeiten. Vertraute Gerichte gibt's in Einkaufszentren.

Kyotos Botanischer Garten ist gut für ein Picknick. Im März/April sieht man hier die Kirschblüte.

• Von Imogen Hall

RICHIE CHAN © SHUTTERSTOCK

DIE BESTEN NEUERÖFFNUNGEN

Wer glaubt, alles gesehen zu haben, sollte für 2018 diese neuen Reiseziele oder Touren in Erwägung ziehen.

CHASE THE SON PHOTOGRAPHY © GETTY IMAGES

↗ 1 NINJA-TOUREN, JAPAN

In Japan kann man 2018 die alte Ninja-Kunst ganz neu kennenlernen. Besucher haben die Wahl zwischen zwei Touren mit Aufenthalten an berühmten Orten wie der Provinz Iga, wo sich zwei bedeutende heilige Stätten und einige der berühmtesten Schulen für die Kampfkunst befinden. In Tokio gibt's bald ein neues Ninja-Museum, und in der Ninja-Akademie trainieren Besucher unter Anleitung von Jinichi Kawakami, dem „letzten Ninja". Wer gut genug ist und alle Kurse besteht, kann weitermachen und ein ausgebildeter Ninja werden.

Der Ninja-Rat Japans ist wegweisend bei der Wiedereinführung dieser antiken Disziplin und veröffentlicht alle Updates auf ninja-official.com.

2 MEERESSCHUTZGEBIET OCEAN CAY, BAHAMAS

Eine Lagune in der Karibik wird gerade in ein neues Meeresschutzgebiet und eine Privatinsel verwandelt. Gäste von MSC Cruises können schon bald die Sandstrände und ruhigen Buchten des Ocean-Cay-Meeresschutzgebiets erkunden oder an Tiki-Bars und in ausgewiesenen Familienbereichen entspannen. Doch nicht nur Touristen profitieren: Das Reservat soll das Wachstum von Korallen und der Meeresflora fördern – mehr als 80 einheimische Pflanzen werden neu angepflanzt.

Die Insel soll Kreuzfahrtpassagiere ab November 2018 begrüßen; mehr zu den unterschiedlichen Reiseoptionen unter msccruises.com.

3 TAUCHEN ZUR *TITANIC*, NEUFUNDLAND, KANADA

Abenteurer können jetzt bei einer unvergesslichen achttägigen Expedition von Neufundland zum berühmtesten Schiffswrack der Welt tauchen. Auf der Reise mit Blue Marble Private und einem Expertenteam erforscht man das Wrack der RMS Titanic in einem Tauchboot in 4000 m Tiefe und erhascht einen Blick auf die berühmtesten Bauteile wie die bekannte Treppe. Eine Unterwasser-Odyssee wie diese wird man auf der Welt kein zweites Mal erleben.

Die Titanic-Tauchgänge von Blue Marble beginnen 2018 und dauern bis 2019; diesen einmaligen Tauchgang bucht man über bluemarbleprivate.com.

4 FLÜGE VON ARGENTINIEN ZUR ANTARKTIS

Ab Januar 2018 gibt es eine vollkommen neue Möglichkeit, eine der unberührtesten Regionen der Welt zu entdecken: Die argentinische Fluggesellschaft LADE wird die erste regelmäßige kommerzielle Flugverbindung zum gefrorenen Kontinent anbieten. Anstatt eine Kreuzfahrt zu unternehmen (und seekrank zu werden), können geneigte Besucher in 90 Minuten vom argentinischen Ushuaia zur Marambio-Station in der Antarktis fliegen. Vor allem von der Wissenschaft und Forschung genutzt, wird die Station derzeit ausgebaut, damit sie in Zukunft mit Unterkünften für Touristen auch auf kommerzielle Flüge eingerichtet ist.

Wöchentliche Flüge beginnen im Januar 2018. Weitere Informationen findet man auf der Website von LADE (lade.com.ar).

↘ 5 VESSEL GALLERY, NEW YORK CITY, USA

New York City bekommt bald eine neue Sehenswürdigkeit – eine spektakuläre begehbare Installation mitten im neuen Gebäudekomplex Hudson Yards, das der Far West Side (einst ein Industriegebiet) neues Leben einhauchen soll. Das Vessel, eine glitzernde Kupferstruktur, ist das Herzstück des neuen Public Square and Gardens und besteht aus 154 miteinander verbundenen, zu einem geometrischen Muster angeordneten Treppen, die über 1,5 km lang auf 45 m Höhe führen – mit wechselnden Perspektiven auf das neu belebte Viertel.

Das Vessel (hudsonyardsnewyork.com) ist ab Oktober 2018 für die Öffentlichkeit zugänglich.

© FORBES MASSIE-HEATHERWICK STUDIO

↘ 6 L'ATELIER DES LUMIÈRES, PARIS, FRANKREICH

Sobald dieses Atelier seine Türen öffnet, wird ein frischer Wind durch die Pariser Kunstszene wehen! In den weitläufigen Räumlichkeiten einer umgebauten Fabrik aus dem 19. Jahrhundert wird es künftig auf einer Fläche von 2000 m² jedes Jahr eine Ausstellung geben, die einem berühmten Künstler gewidmet ist. Den Besucher erwarten virtuelle Kunsterlebnisse, bei denen man mithilfe aktueller digitaler Technik – darunter 8 m hohe Projektionen auf die Wände – in einige der berühmtesten Kunstwerke der Welt eintauchen kann. Eine kleinere Ausstellung behandelt darüber hinaus jeweils ein zeitgenössisches Thema.
Die große Eröffnung ist in der 38/40 rue Saint-Maur im April 2018; den Fortschritt kann man auf atelier-lumieres.com verfolgen.

7 SCIENCE GALLERY, LONDON, GB; DETROIT, USA

Seit 2008 bringt die Science Gallery Besucher in Dublin zum Staunen und nächstes Jahr eröffnet sie eine neue dauerhafte Einrichtung in London sowie ein dreijähriges Projekt in Detroit. Die Galerie nahe der London Bridge wird wechselnde Themenausstellungen zu den großen Fragen des Lebens zeigen, deren Displays zum Mitmachen anregen. Die vorübergehende Einrichtung an der Michigan State University in Detroit ist auf zukunftsweisende, neue Forschungsmethoden für Studierende und Akademiker ausgerichtet.
Ab 2018 ist die London Science Gallery kostenfrei zu besuchen. Der Eröffnungstermin wird noch bekanntgegeben auf london.science gallery.com.

ARTWORK © GUSTAV KLIMT. © CULTURESPACES, DR

SARA WINTER © GETTY IMAGES / VETTA

↗ 8 DIREKTFLÜGE VON EUROPA NACH AUSTRALIEN

Nie wieder Zwischenlandungen dank der ersten Direktflüge zwischen Australien und Europa. Die neuen Qantas-Flüge bieten Verbindungen zwischen Perth und London in 17 Stunden und somit die längsten Passagierflüge der Welt. Die Fluggesellschaft ist darum bemüht, den Flug für Economy-Passagiere so angenehm wie möglich zu gestalten, z. B. ist für die Route der Dreamliner 787 im Einsatz, der Turbulenzen mindern und bessere Luftqualität bieten soll. Es ist auch ein toller Anreiz für Europäer, die abgelegenste Stadt Australiens zu entdecken.

Im März 2018 geht's los. Tickets gibt's unter qantas.com.

TOP TIPPS BEST IN TRAVEL 2018

9 ULYSSES CENTRE, DUBLIN, IRLAND

Irlands eindrucksvolle Literaturgeschichte ist der Fokus in diesem neuen Touristenzentrum im historischen Newman House im Herzen des georgianischen Dublin. James Joyce besuchte hier Vorträge, und die tiefgehende interaktive Ausstellung des Zentrums setzt einen besonderen Schwerpunkt auf sein Werk, feiert jedoch auch andere bekannte Vertreter der irischen Literatur. Zudem wird es wechselnde Ausstellungen zu zeitgenössischen Persönlichkeiten geben und das Zentrum wird für Vorträge und Vorführungen geöffnet.

Das Ulysses Centre soll im Herbst 2018 in Dublin eröffnen.

10 AUGUST MOON DRIVE-IN, NASHVILLE, USA

In diesem neuen 4180 m² Indoor-Themenpark in Music City sucht man sich einen Oldtimer aus und guckt dann den neuesen Blockbuster oder einen seltenen Klassiker auf der größten nicht-IMAX-Kinoleinwand Nordamerikas – und fühlt sich dabei wie in einer perfekten Sommernacht der 1960er-Jahre, komplett mit Sternenhimmel und zirpenden Grillen. Dabei geht's nicht nur um Nostalgie: Die Besitzer versprechen bahnbrechende Technologie und sogar Schauspieler vor Ort, die mit dem Publikum interagieren.

Das Mekka für Filmfans öffnet im Frühjahr 2018 in East Nashville; aktuelle Informationen findet man auf augustmoondrivein.com.

• Von AnneMarie McCarthy

NEUE TOP-UNTERKÜNFTE

Egal, ob man während seines Aufenthalts klotzen oder sparen will – 2018 kann man an außergewöhnlichen neuen Orten unterkommen. Der einzige Nachteil? Vor Aufregung könnte man kein Auge zu tun.

↘ 1 SILO HOTEL, SÜDAFRIKA

Im Aufzugsturm eines umgenutzten Getreidesilos in Kapstadts fesselndem Viertel V&A Waterfront ist dieses neue Boutique-Hotel genauso atemberaubend wie sein Ausblick auf den berühmten Tafelberg. Es verbindet hochmoderne Details mit historischen Elementen wie ungewöhnlich gewölbte Fenster an der industriellen Betonfassade. Und es kommt noch besser: Vor Kurzem eröffnete im Erdgeschoss das viel gelobte Zeitz Museum of Contemporary Art Africa (MOCAA).

Der Skulpturengarten des MOCAA wird über eine Brücke vom 6. Stock des Silo zugänglich sein. www.theroyalportfolio.com/the-silo

© THE ROYAL PORTFOLIO

2 SCHWIMMENDES KAPSELHOTEL, JAPAN

Im Jahr 2015 erschuf Huis Ten Bosch das weltweit erste Hotel mit Robotern als Angestellten und 2017 soll das erste schwimmende Kapselhotel fertiggestellt werden. Die zweistöckigen Kugeln mit Betten unter einer Glaskuppel werden nachts langsam über ein 6 km langes Gewässer treiben und bringen die Gäste so zu einem neuen Abenteuerresort der Insel.

Huis Ten Bosch liegt in Sasebo-Stadt in der Präfektur Nagasaki. english.huistenbosch.co.jp

↗ 3 THOUSAND LAKES LODGE, AUSTRALIEN

In dieser neu eröffneten Lodge kommt man seinem Ziel, die zerklüftete und abgelegene Schönheit der Unesco-geschützten Tasmanischen Wildnis zu erkunden, einen Schritt näher. Einst eine Ausbildungseinrichtung für Antarktisexpeditionen, ist die umgebaute Thousand Lakes Lodge mit neun Zimmern eine einladende Unterkunft mit warmer Atmosphäre. Von hier aus kann man auf den schönen Hochlandebenen wandern, angeln, Mountainbike fahren und Tiere beobachten.

Die Öko-Lodge liegt 90 Autominuten von Launceston in Nord-Tasmanien. www.thousandlakeslodge.com.au

ALICE HANSEN © THOUSAND LAKES LODGE

OANA CRAINIC/JAM HOTEL

↗ 4 JAM HOTEL, BELGIEN

Als sich Jean-Michel André, der Kopf hinter den Hotels Château de la Poste, Chelton und Le Berger, mit der Architektin Olivia Gustot zusammentat, um die ehemalige Brüsseler Architekturakademie Saint-Luc umzubauen, war ein außergewöhnliches Ergebnis garantiert. An jeder Ecke gibt's urbane Akzente mit freigelegtem Backstein, Beton und Sperrholz. Das Hotel verfügt über eine hübsche Bar und einen langen Pool auf der Dachterrasse.

Es gibt einen Giga-Schlafsaal mit 18 Betten (18 €), Einzelzimmer (49 €) und Privatzimmer für zwei bis sechs Personen. www.jamhotel.be

© ASILIA

5 MOSS HOTEL, ISLAND

Islands berühmtestes Highlight ist die dampfende Bláa Lónið und dieses Jahr kann man sie morgens vom Bett aus betrachten. Dieses moderne und minimalistische Luxushotel wird mit nachhaltiger Energie aus Erdwärme betrieben (es wurde über unterirdischen Lavaströmen aus dem 13. Jh. erbaut). Aufgrund der entspannenden Wirkung der Lagune wäre das Hotel ohne das unterirdische Spa Lava Cove nicht komplett.

Die Lagunensuite bietet Zugang zu einem Privatbereich der Lagune. www.hotel.bluelagoon.com

6 THE SILL, GROSSBRITANNIEN

Jugendherbergen sind selten stilvolle Gebäude aus Glas und Stahl, aber sie gehören auch selten zu einem einzigartigen „Entdeckerzentrum" wie am historischen Hadrianswall in Northumberland, mit viel Platz für Ausstellungen, Spiele und Konzerte. Die 26 Zimmer für zwei bis vier Personen haben Zugang zu einer Küche, zu Chill-out-Bereichen, bieten WLAN und den Blick auf einen unglaublich sternenreichen Himmel.

Der gesamte Komplex wird mit erneuerbarer Energie versorgt. Die Preise für ein Bett (Inkl. Frühstück) beginnen bei 19,25 £. www.yha.org.uk

7 AWASI IGUAZÚ, ARGENTINIEN

In Atacama und am Torres del Paine in Patagonien gibt es sie schon, nun hat das Awasi nur 15 Minuten von den legendären Iguazú-Wasserfällen entfernt eine weitere wunderbare Lodge eingerichtet. Die im dichten Dschungel am Flussufer gelegenen Villen wurden aus Umweltschutzgründen auf Stelzen gebaut und verfügen über kleine, private Pools, Außenduschen und großzügige Wohnbereiche.

Jeder Villa wird zur Erkundung der Umgebung ein Allradwagen und ein privater Guide zur Verfügung gestellt. www.awasiguazu.com

ATELIER FÜR SONDERAUFGABEN © NULL STERN HOTEL

8 THE ROBEY, USA

Wie ein großes Stück Art-déco-Torte thront dieses keilförmige Hotel über einem Stadtteil von Chicago voller Kunst und Kultur – genauer gesagt über den Vierteln Wicker Park und Bucktown. Von der Lounge des Robey auf der 13. Etage genießt man einen 180-Grad-Blick auf die faszinierende Skyline der Stadt.
Späte Check-outs, eine gute Verkehrsanbindung und Zimmer ab 175 US$ versprechen schöne Tage (und Nächte). www.therobey.com

↖ 9 HIGHLANDS CAMP, TANSANIA

Während andere Traveller Schlange stehen vorm Wildtierparadies des Ngorongoro, des berühmtesten Kraters Afrikas, wachen Gäste des Highlands Camp von Asilia mitten in einem abgelegenen Teil des Naturschutzgebiets auf. Die acht großen Zimmer der umweltfreundlichen Unterkunft bieten mit Steppdecken versehene kokonähnliche Kuppeln mit unvergesslicher Aussicht auf die afrikanische Wildnis. Dank der guten Beziehung des Asilia zu den Massai erwartet Besucher zudem eine im Gedächtnis bleibende kulturelle Erfahrung.
Wildtier-Safaris, Wanderungen und Essen inklusive. www.asiliaafrica.com

↘ 10 NULL STERN, SCHWEIZ

Fünf Sterne? Wie wär's mit null Sternen (außer am Nachthimmel) – und null Wänden? Im Null Stern, einer genialen Erfindung der Künstlerzwillinge Patrik und Frank Riklin, steht ein schönes Bett mit Nachttischen und Lampen mitten in der Schweizer Natur. Das erste „Alpine Zimmer" war 2017 schnell ausgebucht, doch ab 2018 gibt es 25 weitere Betten an geheimen Orten in der Schweiz.
Schnell auf die Warteliste, bevor es zu spät ist. www.nullsternhotel.ch

• Von Matt Phillips

LONELY PLANETs

TOP TRENDS

Einzigartige Wettrennen / Vegetarisches & veganes Reisen / Expeditionskreuzfahrten / Generationenübergreifendes Reisen / Ab auf die Insel!

EINZIGARTIGE WETTRENNEN

Boston, London oder New York kennt jeder, nicht aber diese Rennen aus aller Welt! Sei es beim Laufen, Radfahren oder Schwimmen – es geht einzig und allein darum, die Ziellinie zu überqueren.

1 SAFARICOM MARATHON, KENIA

Auf diesem Marathon durch die Wildnis gibt es keine Barrieren zwischen den Läufern und den 26 Löwen, 137 Nashörnern, 182 Giraffen und 1160 Zebras. Neugierige Giraffen laufen gelegentlich neben einem her, aber 140 bewaffnete Ranger und drei Beobachtungshubschrauber halten die gefährlichsten Raubtieren Afrikas auf Distanz. Die Hitze, die Hügel und eine durchschnittliche Höhe von 1700 m tragen das Ihre zu der Herausforderung bei.

Von Nairobi kann man zum Lewa Wildlife Conservancy fahren (4 Std.) oder fliegen (45 Min.). Das Rennen ist Ende Juni. safaricommarathon.com

MARK CONLON © NORTH POLE MARATHON.COM

↗ 2 NORDPOLMARATHON

Man sollte sehr warme Sachen einpacken, bevor es zum norwegischen Svalbard geht und von dort in einem Düsenflugzeug zur polaren Eiskappe, um ein unvergleichliches Wettrennen anzutreten. Auf diesem 42,2 km langen Eisparcours kommt man aufgrund der Elemente (und der Schneeanzüge und -schuhe) nur langsamer voran als gewöhnlich.

Die stolze Teilnahmegebühr von 16 000 € beinhaltet den Hin- und Rückflug von Svalbard zum Nordpol und Hubschraubertouren. npmarathon.com

© COURTESY OF GRAND TO GRAND ULTRA

3 MARATHON DU MÉDOC, FRANKREICH

Der Marathon du Médoc in Bordeauxs Weinbergen mit zahlreichen Weinstationen stellt einen einzigartigen physischen Test dar – viele Teilnehmer können sich nachher nicht mehr daran erinnern, wie oft sie angehalten haben! Käse, Pastete und andere regionale Köstlichkeiten gibt's in Hülle und Fülle (ach ja, und Wasser).

Anfang September beginnt und endet das Rennen in Pauillac – von Bordeaux aus mit Zügen, Bussen und Shuttles erreichbar. marathondumedoc.com

4 MARATHON DES SABLES, MAROKKO

Die Strecke eines fast sechsfachen Marathons in einer Woche zurücklegen, darunter 80 km in einem Durchlauf, und das auch noch im weichen Sand der Sahara? Und bei Temperaturen von über 50 °C auch noch Proviant für eine Woche (mind. 2000 Kalorien pro Tag) und die Ausrüstung tragen? Bei diesem Etappenlauf kommt man an seine Grenzen … und überschreitet sie.

Der Marathon des Sables erstreckt sich auf 250 km in Süd-Marokko und findet von Anfang bis Mitte April statt. marathondessables.com

↗ 5 GRAND TO GRAND ULTRA, USA

Das erste selbsttragende Etappenwettrennen in Amerika führt Teilnehmer 273 km vom North Rim des berühmten Grand Canyon zum Gipfel der Grand Staircase, einer stufenförmigen geologischen Formation. Auf dem Weg passiert man die Hochwüste mit roten Sanddünen, engen Schluchten, emporragenden Spitzkuppen und hübschen Hoodoos (Steintürmen).

Vom Basislager des Wettrennens in Kanab, Utah, aus liegt der nächste internationale Flughafen im 320 km entfernten Las Vegas. www.g2gultra.com

6 INCA TRAIL MARATHON, PERU

Im Altertum transportierten hochqualifizierte, durchtrainierte Boten (Chasquis) verschlüsselte Briefe (*quipus*) im Staffellauf zwischen den Siedlungen des Inka-Reichs. Auf diesem Marathon kann man eine der berühmtesten Strecken selbst ausprobieren. Das Ziel ist Machu Picchu! Mit 3000 Höhenmetern, 3300 m langen Abstiegen und dem höchsten Punkt auf 4215 m ist der Lauf eine Herausforderung für alle Altersklassen.

Im Jahr 2018 wird der Event im Juli und August von Andes Adventures (andesadventures.com) und im Juli von Erik's Adventures (eriksadventures.com) veranstaltet.

↗ 7 ESCAPE FROM ALCATRAZ TRIATHLON, USA

Angeblich ist nie jemand von Alcatraz geflohen. Wer es versuchen möchte, taucht von der Gefängnisinsel ins kühle (und angeblich von Haien bevölkerte) Wasser und schwimmt 2,4 km. Danach läuft man zum Aufwärmen zu einem Fahrrad in Marina Green, legt 29 km über die Hügel der Stadt und im Golden Gate Park zurück und läuft schließlich 13 km zur Baker Beach Battery.

Von den 2000 Teilnehmern, die Mitte Juni antreten, werden 1500 durch Auslosung bestimmt. escapealcatraztri.com

→ 8 GREAT WALL MARATHON, CHINA

Die Chinesische Mauer wird nicht umsonst auch „Große Mauer" genannt – und der Great Wall Marathon wird ihr auf jeden Fall gerecht. Er umfasst 5164 Steinstufen und ist sicherlich kein Kinderspiel, doch die Aussicht auf die umliegenden Hügel, Dörfer und die Mauer selbst könnte den Muskelschmerz lindern.

Das Rennen findet dieses Jahr am 19. Mai statt und beginnt an der Festung Huangyaguan, 120 km östlich von Peking. great-wall-marathon.com

9 WHOLE EARTH MAN VS HORSE MARATHON, WALES

Wer ist auf großer Entfernung schneller – Pferd oder Mensch? Diese Frage stellte man sich in einem Waliser Pub, und rief daraufhin 1980 dieses Wettrennen ins Leben. Doch erst 2004 gelang es einem Menschen auf dem anspruchsvollen Terrain, den Gegner auf dem Pferd schlagen. Die Streckenlänge variiert, sollte 2018 jedoch ca. 35 km umfassen.

Llanwrtyd Wells, der Start- und Endpunkt, liegt eine dreistündige Zugfahrt nördlich von Cardiff. Das Rennen findet Mitte Juni statt. green-events.co.uk/?mvh_main

→ 10 OUTBACK MARATHON, AUSTRALIEN

Auf diesem Marathon im Schatten des legendären Uluru kann man im australischen Outback wie bei einem *walkabout* umherziehen. Die relativ flache Laufstrecke führt über die roten Feuerwehrzufahrtswege des Gebiets, doch gelegentliche Sanddünen drosseln das Tempo (ebenso die Aussicht auf die Kata Tjuta und den Uluru).

Es gibt verschiedene Wettrennen-/Unterkunftspakete von drei bis sechs Tagen (bloße Teilnahme ist nicht möglich). In der Nähe liegt der Ayers Rock Airport. australianoutbackmarathon.com

• Von Matt Phillips

TOP TRENDS
BEST IN TRAVEL 2018

ROCKY ARROYO © ESCAPE FROM ALCATRAZ TRIATHLON

GREAT WALL MARATHON © ALBATROS ADVENTURE MARATHONS

© COURTESY OF AUSTRALIAN OUTBACK MARATHON

VEGETARISCHES & VEGANES REISEN

Die Vorteile für die Gesundheit, den Planeten und natürlich für die Tiere bringen immer mehr Menschen auf den Geschmack von veganer und vegetarischer Ernährung. In diesen veggie-freundlichen, weltweit verstreuten Lokalen betritt man neue kulinarische Pfade. Eine Reise von Newcomern bis zu echten Klassikern.

1 BOULDIN CREEK CAFÉ, AUSTIN, TEXAS, USA

Wer glaubt, in Texas drehe sich alles um Stiefel und Grillen, für den lohnt sich ein zweiter Blick. In Austin bietet das Café Bouldin Creek lokales Flair, freundliche Bedienung und eine Speisekarte mit Tex-Mex-Highlights wie veganen Enchiladas, *fajitas* mit Zuchtchampignons und einem viel gepriesenen Veggie-Burger. Das größtenteils vegane Lokal verfügt auch über einen tollen Essbereich im Freien – perfekt um Leute zu beobachten.

Frühstück gibt's den ganzen Tag – perfekt für Spätaufsteher, die abends Austins Livemusik-Szene erkunden. bouldincreekcafe.com

2 DATE & THYME, KEY WEST, FLORIDA, USA

Bis vor Kurzem war es einfacher, im freigeistigen Key West ein Drag-Show-Kabarett als ein vegetarisches Restaurant zu finden. Dank Lokalen wie dem Date & Thyme, einem entspannten veganen Café und Markt in einer umgebauten Tankstelle, ist das Geschichte. Dort kann man auf der Vorderterrasse zwischen umherlaufenden Hühnern im Freien essen – sie herrschen über die Straßen der Insel!

helpyourselffoods.com. Auf der gegenüberliegenden Straßenseite befindet sich Salt Island Provisions, ein kunstvoller kleiner Laden mit Galerie, der einzigartige Gourmet-Salze verkauft.

→ 3 THE SOUL KITCHEN, PARIS, FRANKREICH

Einen kurzen Spaziergang von der auf einem Hügel gelegenen Basilika Sacré-Cœur entfernt liegt das Soul Kitchen, das sich unter den charmanten Cafés des Montmartre hervortut. Es wird von drei Frauen betrieben, deren Liebe fürs Essen sich in den tollen Gerichten widerspiegelt (die halbe Speisekarte ist vegetarisch). Wer nichts essen will, kann hier für einen starken Kaffee und vegane Cookies Halt machen.

In einer Ecke versteckt steht ein Schrank voller Gesellschaftsspiele – perfekt für verregnete Nachmittage. facebook.com/soulkitchenparis

© SOUL KITCHEN

4 VEGETARIANO SOCIAL CLUBE, RIO DE JANEIRO, BRASILIEN

Im Stadtteil Leblon, wo sich die Restaurants aneinanderreihen, kann man vegane *feijoada* probieren, ein typisches Gericht Brasiliens – und es schmeckt genauso köstlich wie das traditionelle Rezept. Der beliebte Eintopf wird mit schwarzen Bohnen und geräuchertem Tempeh (anstatt Schwein) zubereitet und mittwochs und sonntags serviert. Dazu passen hervorragend ein, zwei oder drei Passionsfrucht-Caipirinhas. ***Auf Leblons Strandpromenade, die sonntags bis nach Leme für den Verkehr gesperrt ist, spazieren gehen. vegetarianosocialclube.com.br***

5 CAT BAR, BARCELONA, SPANIEN

Burger und Craft-Bier waren schon immer eine unschlagbare Kombination – erst recht, wenn sie mit ökologischen Zutaten zubereitet werden. In diesem stimmungsvollen kleinen Lokal in Barcelonas Stadtteil El Born gibt's große und sündhaft gute vegane Burger mit kreativen Soßen. Die in Katalonien hergestellten Biere zeigen, dass auch in dieser selbstbewussten Region im Norden Spaniens eine vielfältige Brauereikultur entstanden ist. ***Wenige Häuserblocks entfernt liegt die Santa Maria del Mar aus dem 14. Jh., eine von Barcelonas eindrucksvollsten Kirchen. catbarcat.com***

VALERIA BISMAR © LA PANTHÈRE VERTE

6 BE KIND TO ANIMALS THE MOON, BAGAN, MYANMAR

Über den verwirrenden Namen dieses vegetarischen Restaurants nahe den antiken Tempeln von Bagan kann man leicht hinwegsehen. Was zählt, ist die köstliche Küche mit überaus frischen Zutaten, die in ruhiger Lage im Freien serviert wird. Hier gibt's Kürbis-Curry mit Ingwer, pikante Chapati-Wraps und cremige Bananen-Lassis. Ein bisschen Platz lassen sollte man für den Nachtisch – hausgemachtes Eis.

Das Lokal liegt 300 m nördlich des Ananda-Tempels und 300 m östlich des Tharabar-Tors.

↙ 7 LA PANTHÈRE VERTE, MONTREAL, KANADA

Mit einer steigenden Anzahl an Filialen macht es einem der „grüne Panther" leichter denn je, nachhaltig in Montreal zu essen. Ein Bissen von der berühmten Falafel im Brot reicht um zu verstehen, warum diese vegane Kette so beliebt ist. Zudem setzt das umweltfreundliche Restaurant der Stadt mit ökologisch nachhaltigem Anliegen auf Bio-Zutaten aus regionalem Anbau.

Die Filiale im Latin Quarter hat auch Fassbier von der kleinen kanadischen Brauerei Beau, die nur Bio-Zutaten verwendet. thegreenpanther.com

8 SALSA VERDE, ÉVORA, PORTUGAL

Salsa Verdes Besitzer Pedro bereitet allen von außerhalb angereisten Gästen, die es in dieses fröhlich dekorierte Restaurant verschlägt, einen herzlichen Empfang. Gerne erklärt er den Besuchern die ständig wechselnden und mit vegetarischen Zutaten gezauberten Köstlichkeiten aus dem Alentejo. Hier gibt's das mit Knoblauch und Olivenöl zubereitete Brotgericht *migas* mit Pilzen (anstatt Fleisch) und die Aufläufe mit Spinat oder Tofu (statt Kabeljau).

Nach dem Essen lädt der nahe gelegene Jardim Público (öffentliche Garten) zum Spaziergang bei Vogelgezwitscher ein. salsa-verde.org

9 HILTL, ZÜRICH, SCHWEIZ

Achtsam zu essen ist im Trend, aber fleischlose Ernährung ist keine neue Idee. Ein gutes Beispiel dafür ist das Hiltl, ein vegetarisches Restaurant aus dem Jahr 1898. Seit vier Generationen von derselben Familie betrieben, bietet es eine umfangreiche Speisekarte mit über 100 vegetarischen und veganen Gerichten aus aller Welt.

Im Sommer betreibt das Hiltl in den Resorts Mythenquai und Kilchberg am schönen Zürichsee zwei Restaurants. hiltl.ch

10 OKUTAN KIYOMIZU, KYOTO, JAPAN

In Japan ist vegan essen nicht leicht, doch Kyotos jahrhundertealte Vorliebe für traditionell hergestellten Tofu hilft. Das Okutan Kiyomizu stellt seit 1635 Tofu für Tempelmönche her. In diesem stillen Lokal sitzt man an niedrigen Tischen und genießt *yudofu* (Tofu im heißen Tontopf mit Gemüse) . Nach veganem oder vegetarischem Tofu fragen; jeder Löffel ist eine Gaumenfreude.

Das Restaurant liegt im Garten des Chōshō-in außerhalb des Nanzen-ji, eines der wichtigsten Zen-Tempel Japans.

• Von Regis St. Louis

EXPEDITIONS-KREUZFAHRTEN

Ein All-you-can-Eat-Buffet an Bord eines prunkvollen Ozeanriesen ist nicht die einzige Möglichkeit, seefest zu werden … Expeditionskreuzfahrten auf kleinen Schiffen bieten Abenteuerhungrigen die Gelegenheit, weit abgelegene Reiseziele intimer kennenzulernen.

Heutzutage denkt jeder bei „Kreuzfahrten“ an Riesenschiffe, die nicht nur Transportmittel, sondern auch Resorts sind. Expeditionskreuzfahrten stellen sich jedoch diesem Trend entgegen.

Von Polartrips bis zu Dschungelreisen – diese Kreuzfahrten sind echte Expeditionen, da sie wenig besuchte Gebiete ansteuern. Überdies soll durch die sorgfältig ausgewählten Reiserouten auch eine Art innere Expedition in Gang gesetzt werdeb: Aktivitäten an Bord und Land ermöglichen eine tiefergehende Selbstreflexion und gezielteren Kontakt zur Natur und der örtlichen Kultur. Das Ergebnis ist ein wahrhaft prägendes Reiseerlebnis.

DC_COLOMBIA © GETTY IMAGES

TOP TRENDS
BEST IN TRAVEL 2018

Dank einer auf den Weltgewässern verkehrenden Flottille von Expeditionskreuzfahrtschiffen können Reisende wenig bereiste Gebiete erkunden. Dabei kann man so bequem, praktisch und sicher reisen, wie es nur mit einem Kreuzfahrtschiff möglich ist.

Manche Expeditionskreuzfahrten zeigen beliebte Reiseziele in neuem Licht, doch die meisten sind auf abgelegene Orte spezialisiert – und oft die einzige Möglichkeit, wunderschöne und geschützte Gebiete zu erreichen. Allerdings müssen die Abenteurer von heute nicht mehr „abgehärtet“ sein. Bei einer Unterkunft auf einem Schiff gehören die meisten Annehmlichkeiten zum Standard und die Einrichtungen gehen von schlicht über bequem bis zu überaus luxuriös.

Allerdings sollte man nicht davon ausgehen, die Tage entspannt am Pool oder bei einem Cocktail auf Deck zu verbringen. Sobald der Anker ausgefahren wird, geht es bei Expeditionskreuzfahrten an Land und auf Erkundungstour. So bietet sich den Reisenden die Möglichkeit, zu Fuß, mit dem Rad, auf einem Pferd, in einem Zodiac-Schlauchboot, einem Kajak oder sogar einem Stand-up-Paddelboard tief in bezaubernde Gebiete einzudringen …

LEINEN LOS – NACHHALTIG

Mit einem Fokus auf verantwortungsvolles, umweltbewusstes Reisen ermöglichen viele Expeditionskreuzfahrten Begegnungen aus der Nähe mit Wildtieren in unberührten Landschaften. Zum Schutz der Natur sollten Passagiere bei ihrem Besuch keine Spuren hinterlassen.

GALÁPAGOSINSELN, ECUADOR

Auf einer Silversea-Reise (silversea.com) zu diesen berühmten abgelegenen Inseln in einzigartiger und üppiger Natur die Ursprünge von Darwins Theorien erforschen.

DAS PANTANAL, BRASILIEN

Gemütlich mit einem Schiff von Wild Planet Adventures (wildplanetadventures.com) durch das Herz von Südamerika, wo das grüne Land von den Gezeiten beherrscht wird.

↘ KIMBERLEY, AUSTRALIEN

Mit Zegrahm Expeditions (zegrahm.com) in See stechen, um in einer der wildesten Regionen des Landes einen Blick auf die legendärsten Bewohner Australiens zu erhaschen – von Riesenkrokodilen bis zu scheuen Wallabys.

BRENT STEPHENSON © ZEGRAHM EXPEDITIONS

DIE ENDPUNKTE DER ERDE

Wer Extreme liebt, sollte eine Kreuzfahrt zu den Polen unternehmen – Aufregung pur. Bei einem Aufenthalt in den entferntesten Gebieten des Planeten ist der Weg tatsächlich das Ziel.

DIE ARKTIS

Ein Wunderland an eisbedeckten Landschaften und eine außergewöhnliche Tierwelt. Lindblad Expeditions (expeditions.com) veranstaltet unterschiedliche Reisen – vom norwegischen Eisbärenparadies Svalbard bis zu den unzähligen Inseln der kanadischen Hocharktis.

↘ DIE ANTARKTIS

Kein Ort auf der Welt lädt zu so vielen Expeditionen ein wie der weiße Kontinent. Hier leben etliche spektakuläre Wildtiere und die Natur gibt den Zeitplan vor. Neben Zodiac-Fahrten bietet Quark Expeditions (quarkexpeditions.com) Ausflüge an Land wie Bergsteigen und Eiszelten.

EPISCHE FLUSSABENTEUER

Man ist nicht aufs Meer beschränkt – Flüsse sind ideal, um zu abgelegenen Naturparadiesen vorzudringen, wenn es keine Landwege gibt oder die Städte zu weit von Seehafen entfernt liegen.

→ DER MEKONG

Der mächtige Mekong bietet blühende Natur, ländliche Enklaven und bunte schwimmende Märkte. Mit Avalon Waterways (avalonwaterways.com) geht es in kleine Dörfer und zu charmanten Tempeln.

DER NIL

Mit Viking River Cruises (vikingrivercruises.com) durch die „Wiege der Zivilisation" zu den vielen Wundern Ägyptens. Highlights sind die antiken Ruinen von Luxor und die weltberühmten Pyramiden von Gizeh.

DER AMAZONAS

Am Ufer des gewaltigen artenreichen Flusses leben Affen, tropische Vögel und Faultiere. Rainforest Cruises (rainforestcruises.com) bietet Routen in Ecuador, Peru und Brasilien.

DAVID MERRON © 500PX PHOTO

XUANHUONGHO © SHUTTERSTOCK

BUNT GEMISCHTE TRAVELLER

Expeditionsreisen bieten sich für alle an, die Lust auf Abenteuer haben. Familien, Rentner und Alleinreisende jeden Alters treffen an Bord auf eine einzigartige Mischung an Mitreisenden und kommen auch mit Ortsansässigen in Kontakt.

→ INTERKULTURELLER AUSTAUSCH

Aufgrund des boomenden Interesses an Expeditionskreuzfahrten auf Kuba kann man sich hier über rege Kontakte freuen: Globus Journeys [globusjourneys.com] verbindet Sightseeing und Begegnungen mit einheimischen Geschäftsleuten, Musikern, Bauern und Baseball-Spielern.

WIE FÜR MILLENIALS GEMACHT

Keine Lust auf einen Backpackertrip? Stattdessen kann man auch ein Schiff nehmen. Im Jahr 2018 organisiert U by Uniworld [ubyuniworld.com] neue Kreuzfahrten für 21- bis 45-Jährige, die schwere Rucksäcke gegen hippe Schiffskajüten eintauschen.

• Von MaSovaida Morgan

MARK READ © LONELY PLANET IMAGES

GENERATIONEN-ÜBERGREIFENDES REISEN

Familienurlaub hat sich gewandelt – statt Autofahrten in angespannter Stimmung und Streitereien am Strand heißt generationenübergreifendes Reisen nun tolle Trips für Erwachsene und ihre volljährigen Kinder.

FAMILIENREISEN FÜR ERWACHSENE

Jetzt ist es an der Zeit, sich zusammen mit seinen Eltern von all den Erinnerungen an frühere Familienreisen zu verabschieden und einander zu vergeben, während man sich für eine neue, erwachsene Ära des gemeinsamen Reisens öffnet. Meistens gibt es einen bestimmten Anlass, wenn man als Erwachsener wieder zusammen mit seinen Eltern ins Flugzeug steigt: Vielleicht will man einen Bruder oder eine Schwes-

WILL SANDERS © LONELY PLANET IMAGES

SICH FÜR DAS UNERWARTETE ÖFFNEN

Reisen sind unvorhersehbar – es kann immer etwas passieren, wodurch man die Eltern in einem anderen Licht sieht: Wie um alles in der Welt ist der Vater zu seiner Vorliebe fürs Shisharauchen gekommen oder seit wann beherrscht die Mutter ein bisschen Russisch? Man hat alle Zeit der Welt, um die Hintergründe herauszufinden, denn Gespräche, die sonst als kurzes Telefonat geführt werden, können nun über Tage dauern – auf langsamen Zugfahrten oder bei ausgiebigen Mittagessen bis in die Abendstunden.

CHRIS CALDICOTT © GETTY IMAGES

ter im Ausland besuchen oder die Hochzeit einer Cousine an einem exotischen Ort feiern. Wenn man weit voneinander entfernt wohnt und enge Zeitpläne hat, können gemeinsame Urlaube die einzige Möglichkeit sein, mehr Zeit miteinander zu verbringen. Allen Bedenken zum Trotz kann es unglaublich bereichernd sein, als Erwachsener mit seinen Eltern in Urlaub zu fahren.

JOHN WARBURTON-LEE © GETTY IMAGES

PONCHO © GETTY IMAGES

Fernab von Routine und eingefahrenen Mustern können Menschen traditionelle Familienrollen ablegen und neue Seiten aneinander entdecken. Vielleicht weckt eine schwarze Piste in den Rocky Mountains plötzlich den sportlichen Ehrgeiz einer ganzen Familie. Oder man entdeckt eine gemeinsame Leidenschaft für Bildhauerei, von der man bis zu einem Nachmittag im Pariser Musée d'Orsay nichts wusste. Könnte die merkwürdige Bereitschaft, frittierte Skorpione zu essen, auf die eigene Herkunft zurückzuführen sein? Eine Antwort darauf findet man vielleicht in einer Seitenstraße Bangkoks.

WUNDER … UND WUNDEN MITEINANDER TEILEN

Gemeinsame Reisen schweißen zusammen: Die Mutter und der Verlobte können beide nicht genug von Aperol Spritz in Mailand bekommen oder Vater und Bruder sind völlig entrüstet, dass am Nil Instantkaffee serviert wird. Auch als Bewährungsprobe taugt der Familienurlaub: Wenn der/die Neue eine Woche mit der Familie übersteht, passt man wahrscheinlich gut zusammen.

Wie alle Reisenden wissen, ist der Aufenthalt an einem unbekannten Ort nicht immer leicht.

Zehn tolle Orte für generationenübergreifende Reisen

BUDAPEST, UNGARN
Für alle ist was dabei: eine Seilbahnfahrt zum Burgpalast oder ein Bad in den Thermalquellen.

DER NIL, ÄGYPTEN
Bei den Eltern liegt wahrscheinlich noch das Referat über die Pharaos in der Schublade – warum nicht die Gräber und Tempel in echt ansehen?

OAXACA, MEXIKO
Gemeinsam durch diese farbenfrohe Stadt spazieren und dabei pikante Straßenküche kosten.

NAPA VALLEY, USA
Nun, da alle volljährig sind, kann man sich auf einer Weintour eine Flasche frischen Chardonnay oder fruchtigen Cabernet-Sauvignon teilen.

GREAT OCEAN ROAD, AUSTRALIEN
Auf einem spektakulären Roadtrip entlang der Küste kann man sich hinterm Steuer abwechseln.

KERALA, INDIEN
Während der Fahrt auf einem Hausboot über das Nebengewässer von Alleppey kann man gar nicht anders, als zu entspannen.

TIROL, ÖSTERREICH
Super Skipisten aller Schwierigkeitsgrade und toller Après-Ski für alle zwischen 20 und 60.

PEKING, CHINA
Wie eine chinesische Familie gemeinsam an der Großen Mauer entlangspazieren.

KENIA
Ein einmaliger Safari-Trip, über den man noch Jahre später beim Abendessen reden wird.

NEAPEL, ITALIEN
Auch wenn man sich nicht auf ein gemeinsames Programm als Familie einigen kann, dann wenigstens auf ein Abendessen mit Wein und Pasta.

Die meisten Reisen sind mit der ein oder anderen Enttäuschung und Herausforderungen verbunden – was zu größerer Verbundenheit in der Familie führen kann. Oder zumindest hat man dann etwas, womit man beim nächsten Familientreffen sticheln kann. Wer meinte noch mal, sein Französisch sei gut genug, um etwas zu bestellen, was nicht auf der Speisekarte stand, und bekam dann nur einen kleinen Salat und ein halbes Dutzend Austern für vier Personen? *Hm*?

Bestenfalls sind Reisen aufregend – deshalb macht man sich auf den Weg. Sie bringen Menschen zum Strahlen und bringen ihre interessantesteste, begeisterungsfähigste und abenteuerlichste Seite zum Vorschein ... Das sind nicht unbedingt Charakterzüge, die wir häufig mit unserer Familie teilen können.

Hat man erst mal einige generationenübergreifende Reisen erfolgreich „absolviert“, verblassen negative Erinnerungen an Familienurlaube aus der Jugend vielleicht. Zum Beispiel die an endlose Autofahrten, dringliche Toilettenpausen und plötzliche Tretattacken auf dem Rücksitz .

• Von Helen Elfer

STEPHANE BIDOUZE © SHUTTERSTOCK

AB AUF DIE INSEL!

Egal, ob man auf den perfekten Instagram-Post aus ist oder einfach nur weit weg möchte – eine Insel, die man mit niemandem oder nur mit ein paar wenigen teilen muss, hat etwas für sich.

↗ 1 PROVINZ TRANG, THAILAND

In Thailands ruhiger südlicher Provinz Trang, Heimat der indigenen Volksgruppe *chao leh*, fühlt man sich Lichtjahre von den Resorts auf Phuket entfernt. Mit farbenfrohen Langbooten geht es durch kristallklares Wasser zur Insel Ko Kradan, zur geheimen Emerald Cave auf Ko Muk und zu den eindrucksvollen Kalksteinklippen auf den ruhigen Zwillingsinseln Ko Lao Liang.

Die Trang-Inseln eignen sich hervorragend als Reiseziel für Backpacker, die Lust haben, auf einer abgelegenen Insel abzuhängen.

→ 2 GEORGIAN BAY, ONTARIO, KANADA

Nordamerikas Great Lakes bieten Tausende kiefernbewachsene Inseln. An ihren schönen einsamen Buchten stehen dank der kanadischen Cottage-Kultur Sommerhäuser, wodurch die Vermietung ganzer Inseln praktisch zur Gewohnheit geworden ist. Herausragend sind u. a. Deepwater Island mit einem gemütlichen Cottage für zwei auf schroffem Granit und die Nurdachhäuser abseits der Küste von Pointe au Baril.

Auf Unterkunftsbörsen wie vrbo.com nach „Georgian Bay" suchen. Die Miete für eine private Insel beginnt bei ca. 150 US$ pro Nacht.

TOP TRENDS BEST IN TRAVEL 2018

3 ILET OSCAR, MARTINIQUE

Die Insel Martinique der Französischen Antillen zeichnet sich nicht nur durch ihre entspannte Atmosphäre und ihren hohen Rumkonsum aus, sondern birgt an ihrer Ostküste ein Geheimnis: Auf der Ilet Oscar liegt ein wunderbar klappriges B&B mit vier windigen Zimmern. Gerüchten zufolge soll der ursprüngliche Besitzer die paradiesische Privatinsel bei einem Kartenspiel verloren haben – sein Verlust ist unser Gewinn.

Buchen kann man den Aufenthalt unter iletoscar.com. Die Zimmerpreise beginnen bei 200 € pro Nacht inklusive Frühstück; Abendessen gibt's ab 60 €.

4 INNERE HEBRIDEN, SCHOTTLAND

Vor den schottischen Highlands liegen Dutzende kleiner Inseln. Auf Torsa Island gibt es einen Bauernhof und eine Rothirschkolonie und bei der Überfahrt mit dem Motorboot sieht man häufig Delfine und Robben. Ein sehr gehobenes Ambiente herrscht auf der Insel Eriska mit ihrem Downton-Abbey-Flair und Michelin-Restaurant.

Aufenthalte auf der Isle of Eriska (eriska-hotel.co.uk) beginnen bei 185 £ pro Person. Informationen zu anderen schottischen Inselunterkünften auf vladi-private-islands.de.

LESPALENIK © SHUTTERSTOCK

5 GESELLSCHAFTSINSELN, FRANZÖSISCH-POLYNESIEN

Das Top-Reiseziel für extravagante Flitterwochen wird seinem Hype absolut gerecht – das türkisblaue Wasser und der pfirsich-rosa Sand sind einfach perfekt. Bora Bora mit seiner seichten Lagune und den auf Stelzen im Wasser stehenden Bungalows ist der Klassiker. Das unberührte Inselparadies Tetiaroa verfügt mittlerweile über sehr luxuriöse Villen mit direkten Bootsverbindungen zu wunderschönen *motus* (polynesische Mini-Inseln).

Während des Aufenthalts kann man an einem der sieben Tische von La Villa Mahana essen; Reservierungen per E-Mail: damien@villamahana.com.

6 SANSIBAR, TANSANIA

Diese Inselgruppe zeigt ihre islamischen Wurzeln auf elegante Art und Weise. Man entdeckt sie an den Verzierungen an den Stadttoren oder an den kleinen Daus, den traditionellen Segelbooten. Unterkünfte auf der privaten Insel wie die einfachen Suiten in Chapwani oder die eleganten Hütten von Mnemba verbinden ein ganz besonderes Ambiente mit jeder Menge Südseecharme.

Der Luxusveranstalter andBeyond (andbeyond.com) bietet neben Safari-Camps in Ostafrika Trips zur Insel Mnemba sowie Angebote für die Privatinsel Benguerra in Mosambik.

7 FLATEY, ISLAND

Weit weg vom Touristengedränge am Goldenen Ring befindet sich Flatey („flache Insel“ auf Isländisch), eine von über 3000 kleinen Felseninseln im breiten Westfjord. Nur zwei zerstrittene Familien leben das ganze Jahr über auf der Insel, weshalb man die Graslandschaft und das wunderschöne Hotel mit elf Zimmern mehr oder weniger für sich hat.

Das Hotel Flatey (hotelflatey.is) ist im Sommer geöffnet und die öffentliche Fähre Baldur (seatours.is) fährt täglich zur Insel.

8 MALEDIVEN

Die Inselkette hat sich zu einem wahren DIY-Reiseziel für Backpacker und Strandliebhaber gemausert. Eine gute Planung ist wichtig, um möglichst viel aus Trips mit den Fähren herauszuholen, die zwischen den Inseln verkehren. Dank der überaus günstigen Preise für malerische Resorts kann man für wenig Geld tagelang das kristallklare Wasser genießen.

Auf Maafushi – ein guter Ausgangspunkt für Aktivitäten – ist am meisten los. Zur Abwechslung kann man das ruhigere Fulidhoo ansteuern, das mit einem Schnellboottransfer erreichbar ist.

9 CHILOÉ, CHILE

Chiloé, der indigene Begriff für „Ort der Möwen“, liegt auf halber Strecke von Chiles 4300 km langer Küstenlinie. Seit der Einweihung eines Regionalflughafens 2012 sind die Touristenzahlen angestiegen. Heute verteilen sich auf der Inselgruppe einladende *pensiones* sowie einzigartige scheunenförmige Kirchen, und im Hintergrund sind die schneebedecken Vulkangipfel des Festlands zu sehen. Hier gibt's jede Menge Möglichkeiten für individuelle Inselabenteuer.

Tierra Chiloé (tierrachiloe.com) ist ein architektonisches Wunder und ein toller Gourmet-Stopp auf dem Heimweg vom Inselparadies.

• Von Brandon Presser

↘ 10 BELIZE-BARRIERRIFF

Das zweitgrößte Barrierriff der Welt liegt vor der zentralamerikanischen Küste zwischen Mexiko und Honduras. Anstatt prunkvolle Paläste zu bauen, nahm man sich ein Beispiel an Costa Rica und konstruierte umweltfreundliche Bungalows. Auf Airbnb lässt sich die gesamte Bird Island mieten, aber wer etwas weniger ausgeben möchte, kann auch das abgelegene Meeresschutzgebiet Sapodilla Cayes ansteuern, wo einen rustikale Unterkünfte zu Tiefstpreisen erwarten.

Die Sapodillas erreicht man vom Hafen in Punta Gorda, wo man einen Transfer für eine Exkursion mit Übernachtung (und Kajakfahren oder Schnorcheln) buchen kann.

© AIRBNB

REGISTER

PER BREIEHAGEN © GETTY IMAGES

IMPRESSUM

1. Auflage 2017, Lonely Planet Global Limited
www.lonelyplanet.com
© Lonely Planet 2017
© Fotografien wie angegeben 2017

MANAGING DIRECTOR, PUBLISHING Piers Pickard
STELLV. HERAUSGEBER Robin Barton
LEITENDER REDAKTEUR Jessica Cole
ASSISTENZ REDAKTION Christina Webb
ART DIRECTOR Daniel Di Paolo
GESTALTUNG Austin Taylor
REDAKTEURE Anita Isalska, Nick Mee
BILDRECHERCHE Ceri James
KARTOGRAFIE Michael Garrett, Wayne Murphy
DRUCKPRODUKTION Larissa Frost, Nigel Longuet
UMSCHLAGBILD LucVi © Shutterstock
DANK AN Tom Davis, Barbara Di Castro, Flora McQueen, Adam Moore, Jacob Rhoades

AUTOREN James Bainbridge, Oliver Berry, Joe Bindloss, Abigail Blasi, Piera Chen, Gregor Clark, Fionn Davenport, Megan Eaves, Helen Elfer, Bailey Freeman, Bridget Gleeson, Imogen Hall, Tom Hall, Alex Howard, Mark Johanson, Patrick Kinsella, Marika McAdam, AnneMarie McCarthy, Sophie McGrath, Rebecca Milner, MaSovaida Morgan, Matt Phillips, Liza Prado, Brandon Presser, Brendan Sainsbury, Regis St. Louis, Ryan Ver Berkmoes, Clifton Wilkinson, Chris Zeiher, Karla Zimmerman

KONTAKT lonelyplanet.com/contact

Das Papier in diesem Buch wurde nach den Forest Stewardship Council®-Richtlinien zertifiziert. FSC® fördert die umweltfreundliche, sozialverträgliche und wirtschaftlich tragfähige Bewirtschaftung des weltweiten Waldbestands.

FSC www.fsc.org
MIX
Papier aus verantwortungsvollen Quellen
FSC® C018236

DEUTSCHE AUSGABE
MAIRDUMONT GmbH & Co KG
Marco-Polo-Straße 1
73760 Ostfildern
www.mairdumont.com
1. Auflage 2017

REDAKTION Thomas Grimpe, Verlagsbüro Wais & Partner, Stuttgart
ÜBERSETZUNG Cora Hartwig, Gabriela Huber Martins, Claudia Riefert, Svenja Tengs
Printed in Poland
ISBN 978-3-8297-2665-8

Alle Rechte vorbehalten. Das Werk einschließlich all seiner Teile ist urheberrechtlich geschützt und darf weder kopiert, vervielfältigt, nachgeahmt oder in anderen Medien gespeichert werden, noch darf es in irgendeiner Form oder mit irgendwelchen Mitteln – elektronisch, mechanisch oder in irgendeiner anderen Weise – weiterverarbeitet werden. Es ist nicht gestattet, ohne schriftliche Genehmigung des Herausgebers auch nur Teile dieser Publikation zu verkaufen oder zu vermitteln. Lonely Planet und das Lonely Planet Logo sind eingetragene Marken von Lonely Planet und beim US Patent and Trademark Office sowie in anderen Ländern registriert. Lonely Planet erlaubt nicht, dass Name oder Logo von kommerziellen Einrichtungen wie Einzelhandel, Restaurants oder Hotels verwendet werden.

Auch wenn alle Autoren, Übersetzer, Redakteure und Lonely Planet selbst alle notwendige Sorgfalt bei der Erstellung dieses Buches haben walten lassen, übernimmt der Verlag für den Inhalt keine Haftung.

MATTHEW WILLIAMS-ELLIS © GETTY IMAGES

lonely planet
MAKE IT HAPPEN
Plane Deine Reise 2018 mit Lonely Planet

Die Welt
Ein Reiseführer für alle Länder dieser Erde
Chile & Osterinsel
China
Dominikanische Republik
Frankreich
Malta & Gozo
Mauritius, Réunion & Seychellen
Neuseeland
Portugal
Südafrika
Lesotho & Swasiland